MANUTENÇÃO PREDITIVA

FATOR DE SUCESSO NA GESTÃO EMPRESARIAL

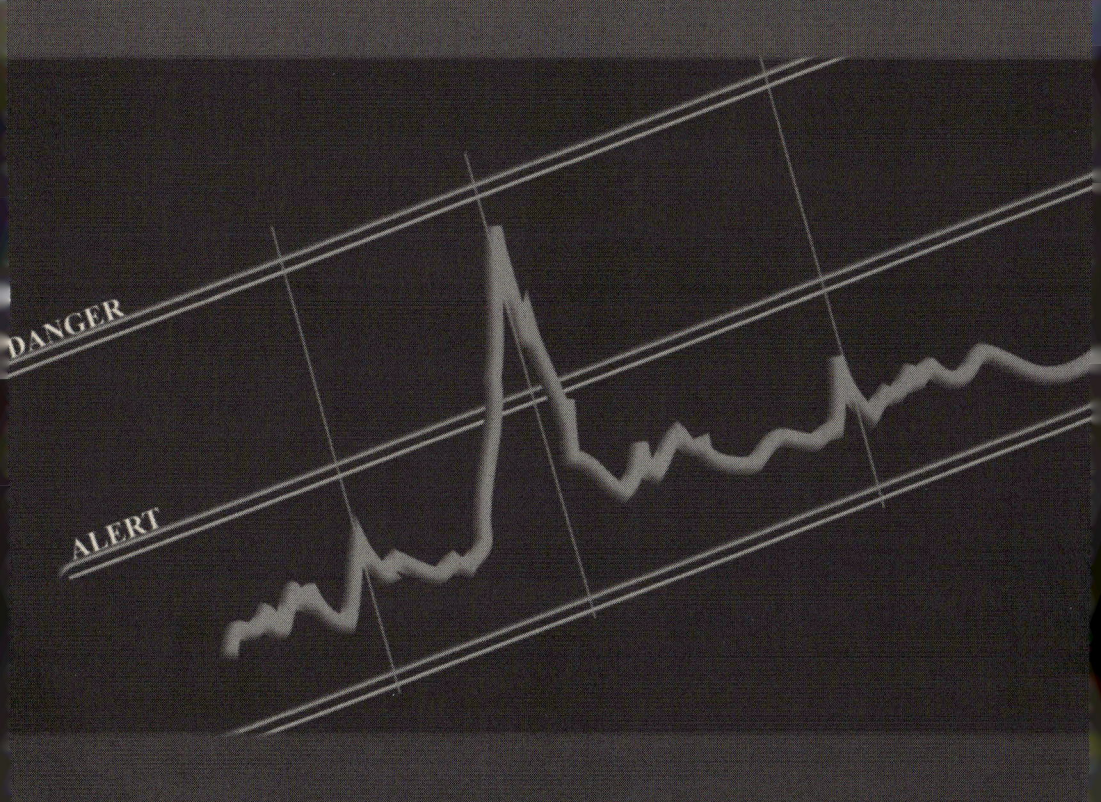

Alan Kardec & Júlio Nascif

MANUTENÇÃO PREDITIVA
FATOR DE SUCESSO NA GESTÃO EMPRESARIAL

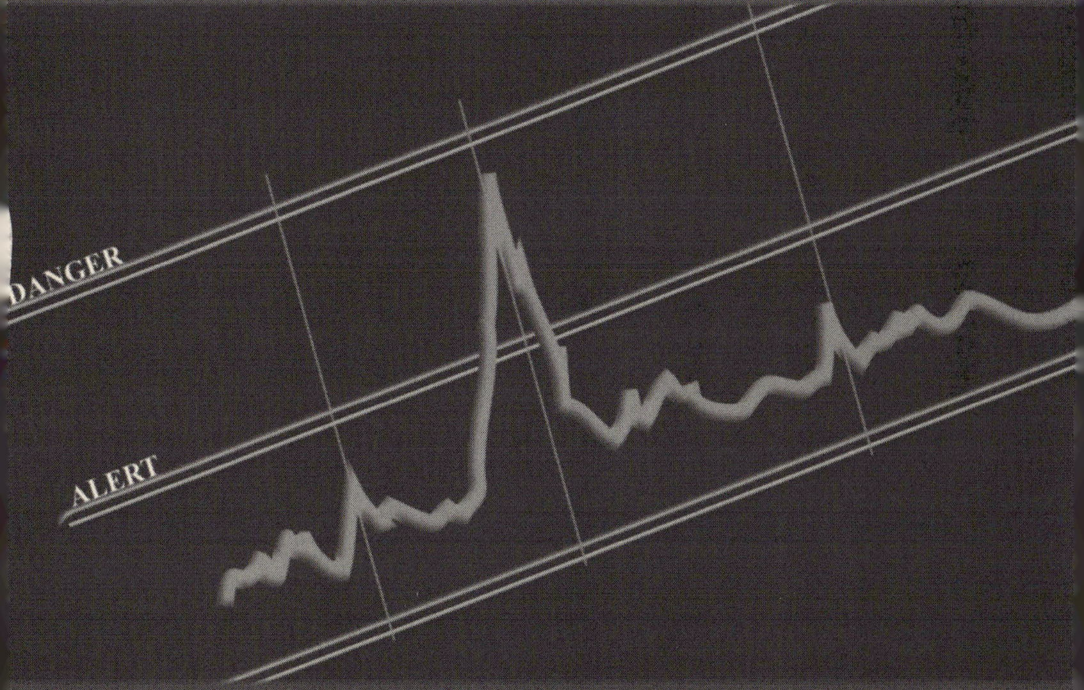

QUALITYMARK

Copyright© 2013 by Alan Kardec e Júlio Nascif

Todos os direitos desta edição reservados à Qualitymark Editora Ltda.
É proibida a duplicação ou reprodução deste volume, ou parte do
mesmo, sob qualquer meio, sem autorização expressa da Editora.

Direção Editorial	Produção Editorial
SAIDUL RAHMAN MAHOMED editor@qualitymark.com.br	EQUIPE QUALITYMARK

Capa	Editoração Eletrônica
André F. N. Xavier	APED-Apoio e Produção Ltda.

CIP-Brasil. Catalogação-na-fonte
Sindicato Nacional dos Editores de Livros, RJ

K27m

Kardec, Alan
Manutenção preditiva : fator de sucesso na gestão empresarial / Alan Kardec, Júlio Nascif. - 1. ed. - Rio de Janeiro. : Qualitymark Editora, 2013.
196 p. : il. ; 23 cm.

Inclui bibliografia e índice
ISBN 978-85-414-0119-7

1. Planejamento empresarial. 2. Equipamentos industriais. I. Nascif, Júlio. II. Título.

13-04365   CDD: 658.202
                                                      CDU: 658.2.005.4

2013
IMPRESSO NO BRASIL

Qualitymark Editora Ltda.	QualityPhone: 0800-0263311
Rua Teixeira Júnior, 441 – São Cristovão	www.qualitymark.com.br
20921-405 – Rio de Janeiro – RJ	E-mail: quality@qualitymark.com.br
Tel.: (21) 3295-9800 ou 3094-8400	Fax: (21) 3295-9824

Dedicatória

De Alan Kardec

À minha esposa Alina Garcia, à minha primeira esposa Sandra (in memoriam), aos meus filhos Alexandre (in memoriam), Ana Paula, Leonardo e Janey e aos meus netos Marco Túlio e Júlio César.

De Júlio Nascif

À Geni e Emília Nascif.

Agradecimentos

Registramos nossos agradecimentos aos profissionais e empresas pela cessão e autorização de publicação de material e apoio nas etapas de elaboração deste trabalho.

Carlos Vendas Rodrigues – CVSER
Ronald Sullivan – Ázima DLI
Marcos Gerado de Souza – MGS Tecnologia
Emiliano Braga de Souza – MGS Tecnologia

Apresentação

A economia mundial, nos tempos atuais, exige que as empresas sejam cada vez mais competitivas de modo a atender as exigências técnicas, garantir um padrão de qualidade adequado aos clientes, tempos de entrega menores e preços compatíveis.

A gestão empresarial é o elemento fundamental para que as empresas consigam ser competitivas de modo a garantir a sua sobrevivência no mercado mundial.

Para serem bem geridas, as empresas necessitam do alinhamento de todas as áreas e todos os colaboradores em torno de um plano de ação estratégico que deverá ser executado aplicando as melhores práticas.

Melhores Práticas ou *Best Practices* são aquelas práticas que, se aplicadas, levam a empresa a um padrão de desempenho superior; são comprovadamente vetores de melhoria nas organizações.

Dentre essas melhores práticas, destaca-se a Manutenção Preditiva.

A Manutenção Preditiva promove uma série de melhorias que induzem uma mudança de cultura na Operação e na Manutenção, passando pela melhoria da capacidade de análise e diagnóstico e resultando em maior disponibilidade, confiabilidade e segurança operacional, além de menores custos.

Este livro tem dois objetivos principais:

a) Oferecer à comunidade de Manutenção uma abordagem simples e direta sobre a Manutenção Preditiva, permitindo que os gerentes, supervisores, engenheiros e técnicos percebam as suas vantagens, além de oferecer as tecnologias disponíveis para a prática da Preditiva;

b) Estimular a aplicação da Manutenção Preditiva de modo que o percentual de aplicação atual seja, pelo menos, duplicado e, com isso, as empresas e outras organizações obtenham resultados que reflitam no aumento da confiabilidade, da segurança operacional e da disponibilidade, enquanto os custos caem.

Alan Kardec e Júlio Nascif

Sumário

Apresentação .... **IX**

Capítulo 1 – Gestão da Empresarial e da Manutenção **1**

    1.1. Introdução 1
    1.2. A Importância da Gestão 3
    1.3. Manutenção Estratégica 7
        1.3.1. *Benchmarking e Benchmark* ***8***
        1.3.2. Melhores Práticas ou *Best Practices* ***11***
        1.3.3. Paradigma da Manutenção Atual 14
    1.4. Competitividade 15
    1.5 . Conceito Atual de Manutenção 18
    1.5.1. Redução da Demanda de Serviços 19
    1.6. Tipos de Manutenção X Resultados X Mudança de Paradigmas 23
    1.7 Trabalho em Equipe 28
    1.8. Gestão de Ativos 30
        1.8.1. A Gestão de Ativos e a Manutenção 30
        1.8.2. Ativos e Custo do Ciclo de Vida 32
        1.8.3. Gestão de Ativos – Fator Humano 34
    1.9. A Preditiva e o Agente de Mudança 36
        1.9.1. Características do Agente de Mudança 37
    1.10. Considerações Finais 39

Capítulo 2 – Manutenção Preditiva – A Relação Custo-Benefício 41

2.1. Introdução..41
2.2. Causa de Falhas 43
2.3. Comparação de Custos...50
2.4 – Preditiva – O Que Seria Ideal e o Que se Pratica........................55
2.5 - Conclusões 57

Capítulo 3 – Principais Técnicas Preditivas..59

3.1. Introdução..59
3.2. Técnicas Preditivas..61
3.2.1. Vibração..61
   3.2.1.1. Transdutores 64
   3.2.1.2. Medição da Vibração 67
   3.2.1.3. Instrumentação/Equipamentos para Medição
e Análise da Vibração...71
3.2.2. Temperatura 77
   3.2.2.1. Termovisores e Termografia 84
3.2.3. Análise do Lubrificante..87
   3.2.3.1. Análise Físico-Química..87
   3.2.3.2. Ferrografia..90
3.2.4. Óleos Isolantes..95
   3.2.4.1. Análise Cromatográfica (Cromatografia gasosa)..............98
   3.2.4.2. Análise Físico-Química..99
   3.2.4.3. Análises Especiais...101
3.2.5. Monitoramento *online* de Transformadores 102
3.2.6. Som / Ruído 105
3.2.7. Espessura de Paredes 106
3.3. Práticas Básicas na Execução da Manutenção 113
3.3.1. Alinhamento de Máquinas Rotativas.....................................114
3.3.2. Balanceamento 118
3.3.3. Ligação Tubulação – Equipamentos 124
3.3.4. Limpeza dos Equipamentos e da Planta 128

Capítulo 4 – Cases 133

4.1 - Aplicação de Manutenção Preditiva em Porta Aviões na usnavy .134
4.2 – Ocorrência em Motor de uma Injetora de plásticos 147
4.3 – Ocorrência em Motor de Moinho de Bolas
em uma Mineração de Ouro 156

Anexo 1 – Limites de Vibração **161**

    A.1.1. – Introdução 161
    A.1.2. – Gráficos de Severidade de Vibração IRD E ISO 162
    A.1.3. – Limites de Vibração do API 168
    A.1.4 – Gráfico AZIMA DLI 169
    A.1.5 – GráficO Clark Dresser para Vibração Medida no Eixo.............170

Anexo 2 – Limites deVibração **173**

Referências: **177**

Capítulo 1
Gestão da Empresarial e da Manutenção

1.1. Introdução

O Planejamento Estratégico de uma Organização é um instrumento imprescindível para guiar todas as Ações das Empresas com a participação de todos os segmentos e todos os Colaboradores, contemplando ações de curto, médio e longo prazo. É através dele que todos terão uma ideia única e clara dos rumos a serem seguidos para atingirem um nível de competitividade que irá garantir a sobrevivência das empresas e a sua própria empregabilidade.

A Gestão é o instrumento imprescindível que viabiliza a implementação de um Planejamento Operacional, seguido da sua Execução, de uma Análise Crítica periódica e sistematizada com as consequentes Ações Corretivas, necessárias ao ajuste do Planejamento inicial.

Sem esta etapa da Gestão é bem possível que o Planejamento Estratégico se torne uma mera intenção que não se concretizará.

Figura 1.1 – Planejamento sem Gestão

O objetivo deste livro é mostrar que o Planejamento Estratégico de uma Empresa não pode prescindir da Gestão e a Gestão não será eficaz sem selecionar, adaptar e trabalhar com práticas que permitam a melhoria dos resultados, dentre elas a Manutenção Preditiva.

Na visão atual, a Manutenção existe para que não haja manutenção corretiva não planejada. Isso pode parecer paradoxal à primeira vista, mas, numa visão mais aprofundada, vemos que o trabalho da manutenção tem um impacto significativo nos resultados das organizações.

Desse modo, cada vez mais:

- O pessoal precisa ser capacitado e qualificado;
- Sejam utilizados equipamentos e sistemas de monitoramento *online* e *offline*;
- O planejamento e coordenação dos serviços seja efetivo;

objetivando, através do acompanhamento objetivo dos parâmetros dos ativos, garantir sua permanência o maior tempo possível em operação – segura e confiável – e reduzir, drasticamente, a manutenção corretiva não planejada ou emergencial.

Por isso a evolução do processo de Gestão da Manutenção passa, inexoravelmente pela **Manutenção Preditiva**.

Contudo, como parcela significativa de empresas e da comunidade de manutenção ainda apresenta lacunas quanto aos percentuais adequados da manutenção preditiva, bem como a sua correta aplicação, está presente uma grande necessidade de mudança. Essa necessidade de mudança, que passa dentre outras coisas pelo aumento na aplicação da Manutenção Preditiva, tem que ser liderada pelos níveis gerenciais da organização, em função do papel estratégico que exercem e pela obrigação que têm de serem os Agentes de Mudança.

Uma boa gestão da Manutenção passa também, obrigatoriamente, pelas questões de SMS – Segurança, Meio Ambiente e Saúde. A Manutenção Preditiva, ao contribuir para a prevenção de ocorrências de falhas imprevistas, falhas cuja extensão de danos é grande e ainda falhas catastróficas está, também, contribuindo para que as questões de SMS atinjam um novo patamar.

1.2. A Importância da Gestão

A Gestão é o fator crítico de sucesso de uma organização e fundamental para a viabilização do que está planejado. De modo simplificado podemos afirmar que a Gestão é a aplicação das quatro etapas do ciclo do PDCA, ou seja – Planejar, Executar, Avaliar (ou Auditar) e Corrigir.

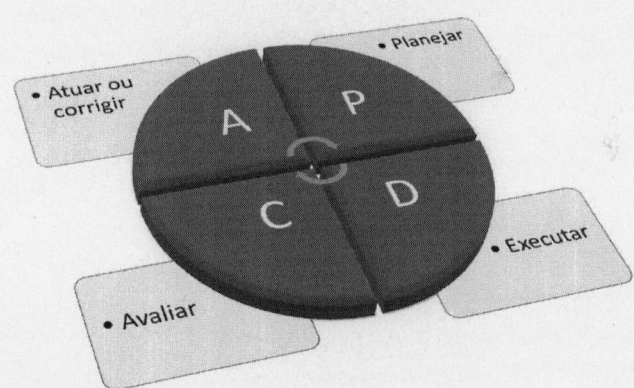

Figura 1.2 - O ciclo do PDCA – Formato básico da Gestão

O modelo de Gestão de qualquer organização ou segmento específico dela, pressupõe a aplicação das etapas do ciclo do PDCA. Na Manutenção essas atividades são bem caracterizadas como mostrado a seguir:

	Planejamento (Plan)	As atividades desenvolvidas pela área conhecida na Manutenção como PCM ou PPCM (Planejamento, Programação, Coordenação e Controle) exerce fundamentalmente a função de planejar para que a execução dos serviços seja otimizada.
	Execução (Do)	A execução dos serviços de manutenção, sob a forma dos tipos de manutenção – corretiva, preventiva, preditiva e engenharia de manutenção, ocorre de acordo com o planejamento.
	Verificação (Check)	As duas áreas da Manutenção, o PCM e a Execução, podem fazer a etapa de verificação: - O planejamento verifica a qualidade do planejamento e da programação e o seu grau de acerto. - A execução verifica como os serviços foram executados e quais correções ou melhorias podem ser introduzidas.
	Correção (Act)	As correções detectadas na etapa de verificação devem ser introduzidas de modo a promover a melhoria.

Tabela 1.1 – Ciclo do PDCA na Manutenção

Atualmente ferramentas de suporte à Gestão têm permitido que as empresas, que as aplicam corretamente, atinjam resultados que as colocam entre as empresas excelentes no mundo.

Um desses processos é o *Balanced Scorecard* ou Indicadores Balanceados de Desempenho, que definem a necessidade de a Gestão possuir indicadores, planejamento e atuação nas quatro áreas estratégicas das organizações, quais sejam: Aprendizado e Crescimento, Processos Internos, Clientes e Financeiro.

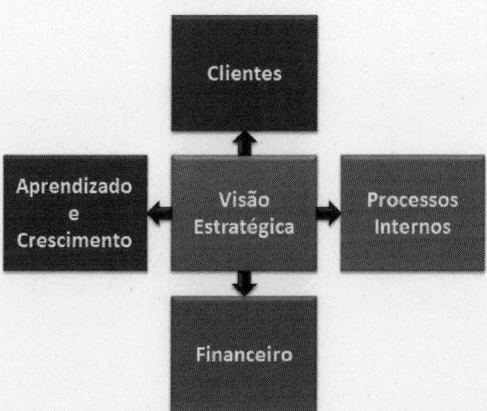

Figura 1.3 – *Balanced Scorecard* – As quatro perspectivas da visão estratégica

A outra ferramenta é o processo denominado Benchmarking que consiste na identificação, compreensão, adaptação e aplicação das melhores práticas encontradas dentro e fora das organizações. Essas melhores práticas são responsáveis pelo desempenho superior das organizações.

A partir da aplicação das melhores práticas, através de um processo sistematizado de comparação com outras empresas, via estudo de benchmarking, a empresa pode diminuir o *gap* existente entre ela e as empresas mais competitivas e/ou de melhores resultados.

Além de reduzir ou eliminar o *gap*, é importante que a Gestão tenha como meta de médio prazo se tornar o benchmark.

Esse *gap* é um indicador claro e preciso da melhor ou pior gestão que as empresas possuem. Portanto, nas empresas:

A TECNOLOGIA É NECESSÁRIA, MAS A GESTÃO É O FATOR DETERMINANTE DO SUCESSO DE UMA EMPRESA.

Análise detalhadas, indica, **qualitativamente,** diversos fatores que podem explicar o grande *gap* entre os resultados das empresas com lacunas e as empresas *benchmark*, dentre eles:

- Custo Brasil alto;
- Carga tributária brasileira elevada;
- Projetos desenvolvidos com lacunas;
- Maior incidência de problemas de montagem;
- Equipamentos novos com problemas;

- Equipamentos com desempenho inferior ao especificado;
- Empresas contratadas com pior desempenho;
- Qualificação deficiente do pessoal contratado;
- Maior incidência de problemas nas questões de SMS – Segurança, Meio Ambiente e Saúde;
- Atendimento deficiente por parte dos fornecedores de equipamentos;
- Material sobressalente com problemas de qualidade;
- Nível educacional inferior.

Embora tudo isto seja verdadeiro, do ponto de vista **Qualitativo,** a quantificação de todas essas variáveis negativas levantadas indicou, do ponto de vista **Quantitativo,** que representavam uma pequena parte do *gap* que separava essas empresas.

Além destas constatações, foi observado que as práticas das empresas *benchmark* eram diametralmente opostas àquelas praticadas pelas empresas com lacunas, como indicado na Tabela 1.2, que aborda as atividades de Manutenção Industrial.

EMPRESA COM LACUNAS	EMPRESA BENCHMARK
Problemas Crônicos	Soluções Definitivas
Corretiva não planejada ou emergencial	Preditiva / Eng. De Manutenção
Foco no Reparo	Foco na Eliminação da Causa
Foco na Manutenção	Foco no Negócio Rentabilidade
Melhoria Contínua	Foco no Benchmark
SMS como Prioridade	SMS como Princípio
Redução de Custo	Otimização de Custo
Contratos de Mão de Obra	Contratos por Resultado

Tabela 1.2– Práticas adotadas em empresas com lacunas e empresas *benchmark*

Não há grandes diferenças entre essas empresas, seja no aspecto de **tecnologia** (*hardware*) **e no** conhecimento das pessoas do quadro próprio (**humanware**). Não é pelo aspecto de *hardware* e de *humanware* que se pode explicar o gap existente.

Onde está, então, a diferença? Ou seja, como explicar que um ativo, com as mesmas características e com o mesmo conhecimento tecnológico das pessoas do quadro próprio, tenham resultados tão diametralmente opostos?

A EXPLICAÇÃO ESTÁ NA GESTÃO!

Sintetizando:

**A TECNOLOGIA É A BASE,
MAS É A GESTÃO QUE FAZ A DIFERENÇA!**

Compreendida e assimilada esta questão e, mais do que isto, implementando a prática de uma nova forma de se fazer a Gestão que, na verdade, significa a adoção de um novo Modelo Mental, a empresa passa a ter uma grande evolução podendo alcançar resultados que a eleva à condição de *benchmark* no segmento.

1.3. Manutenção Estratégica

Para se tornar uma função estratégica, a Manutenção precisa estar voltada para os resultados empresariais. É preciso, sobretudo, deixar de ser apenas eficiente para se tornar eficaz; ou seja, não basta, apenas, reparar o equipamento ou instalação tão rápido quanto possível, mas é preciso, principalmente, manter a função do equipamento disponível para a operação, reduzindo a probabilidade de uma parada de produção não planejada.

ESTA É A GRANDE MUDANÇA DE PARADIGMA!
É importante que seja estabelecido um planejamento, que passa pelas seguintes questões fundamentais:

- Situação Atual: é preciso ter um bom conhecimento de qual é o estágio em que a manutenção se encontra, à luz de indicadores.
- Visão de Futuro: a definição de metas que explicitam de maneira transparente quais são os objetivos a serem buscados, é fundamental. Estas metas precisam estar ligadas às diretrizes e metas estabelecidas em nível corporativo.
- Caminhos Estratégicos: é, basicamente, a aplicação das melhores práticas dentro de um Plano de Ação; **entre eles está a Manutenção Preditiva.** É o estabelecimento de um Plano de Ação, com a aplicação destas melhores práticas, que vamos garantir que as metas serão alcançadas.

A Figura 1.1 retrata esta questão.

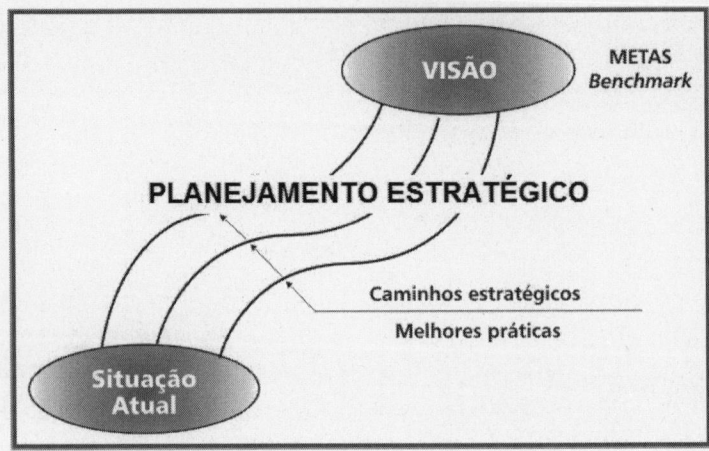

Figura 1.4 = Planejamento Estratégico

A Manutenção Preditiva é um dos caminhos estratégicos.

Para definir as metas, que explicitam a Visão de Futuro, o ideal é a adoção do processo de *benchmarking*. Na falta ou mesmo na impossibilidade de adoção deste processo podem-se definir as metas conforme o cenário concorrencial que se consegue vislumbrar.

Dentre as práticas consagradas mundialmente como as que produzem os melhores resultados destacam-se, dentre outras:

- Capacitação e Qualificação da mão de obra de manutenção;
- Elaboração e utilização de procedimentos de trabalho;
- Modificação do mix nos tipos de manutenção privilegiando a manutenção preditiva em detrimento do excesso de preventiva e da prática de corretiva emergencial ou não planejada.

1.3.1. *Benchmarking* e *Benchmark*

Como mencionado anteriormente, **Benchmarking** pode ser definido como sendo o "processo de identificação, conhecimento e adaptação de práticas e processos excelentes de organizações, de qualquer lugar do mundo, para ajudar uma organização a melhorar sua performance".

Benchmark é uma medida, uma referência, um nível de performance, reconhecido como padrão de excelência para um processo de negócio específico.

Resumindo: *Benchmarking* é um processo de análise e comparação de empresas do mesmo segmento de negócio, objetivando conhecer:

- As melhores marcas ou *benchmarks* das empresas vencedoras, com a finalidade de possibilitar definir as metas de curto, médio e longo prazo;
- A situação atual da sua organização e, com isso, apontar as diferenças competitivas;
- Os caminhos estratégicos das empresas vencedoras ou as "melhores práticas";
- Conhecer e chamar a atenção de toda a organização para a necessidade competitiva.

Sintetizando: *Benchmarking* é o processo de análise e *Benchmark* são os melhores indicadores de desempenho. A Figura 1.5 ilustra o que acabamos de explicitar.

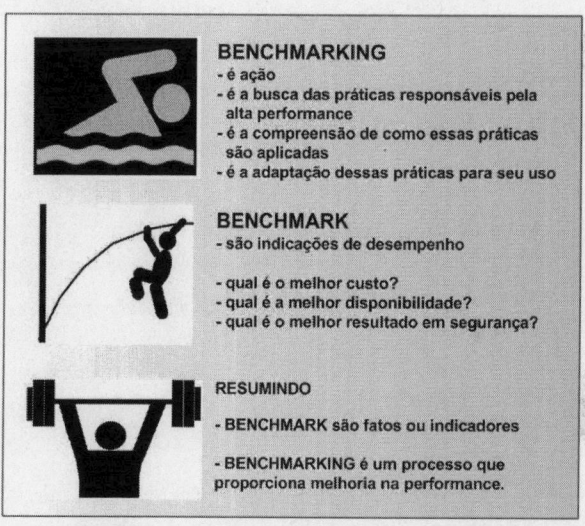

Figura 1.5 – *Benchmarking* e *Benchmark*.

A Figura 1.6 ilustra uma questão fundamental: a parte inferior retrata o ciclo estruturado do PDCA de uma Organização, porém sem uma visão ampla do seu segmento de negócio. Essa estratégia pode levar ao insucesso, pois não basta uma organização melhorar seus indicadores empresariais; ela precisa evoluir mais rápido do que os seus concorrentes para poder passar à frente. Daí a necessidade de se incorporar ao seu planejamento a parte superior da figura, que nada mais é do que a comparação com os seus concorrentes, inclusive os internacionais quando possível.

Na impossibilidade prática de fazer esta comparação com os seus concorrentes, é importante, pelo menos, fazê-lo com outros Ativos desta mesma Organização.

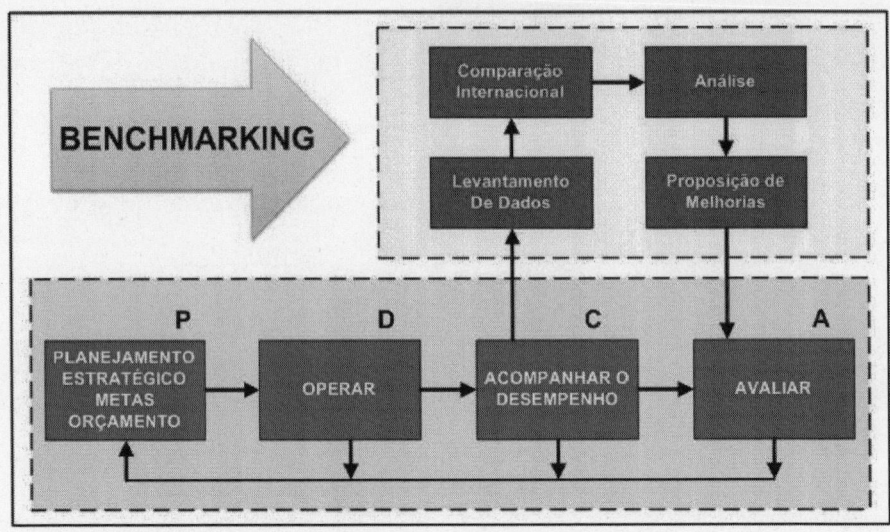

Figura 1.6 – Gestão empresarial com foco na competitividade

O gráfico da Figura 1.7 mostra um exemplo de comparação do indicador "Índice de Intensidade Energética" entre 16 plantas de óleo e gás (refinarias), a partir de um estudo da *Solomon Associates.*

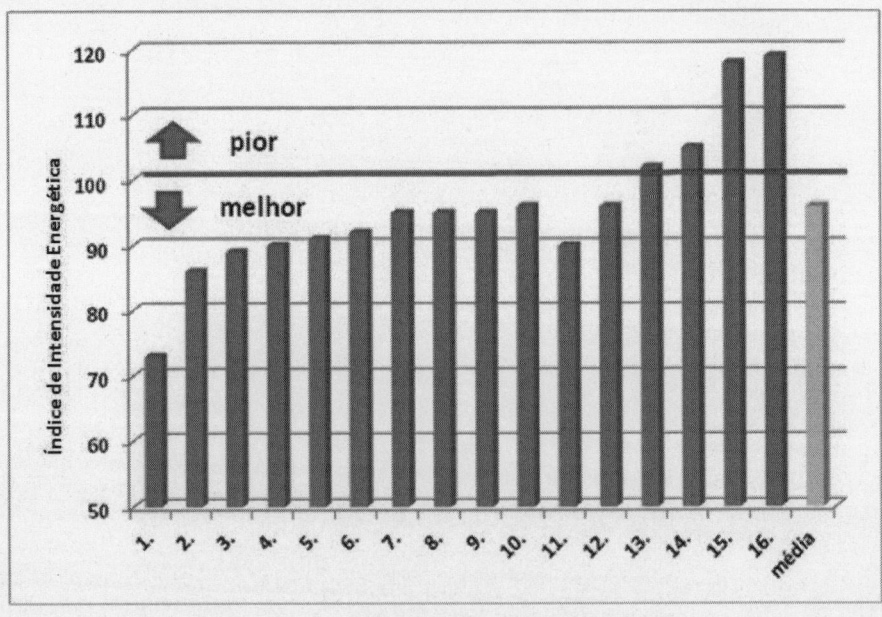

Figura 1.7 – Indice de Intensidade Energética

Infelizmente, é comum encontrarmos, ainda, indicadores de manutenção que medem apenas sua eficiência, e isto é muito pouco para uma empresa moderna. O que precisa ser medido e, se possível, comparar com os seus concorrentes, dentre outros Indicadores são:

- Disponibilidade e confiabilidade;
- Redução da demanda de serviços;
- Otimização de custo;
- Segurança pessoal e das instalações;
- Preservação ambiental;
- Moral e motivação dos colaboradores.

Tudo isso para que a organização proporcione o melhor atendimento junto aos seus Clientes de maneira competitiva. É preciso que todas as pessoas envolvidas tenham conhecimento destes fatos e dados.

Todos estes indicadores só serão otimizados através das pessoas, daí ser importante ter, também, indicadores que meçam o Moral e a Motivação do grupo de colaboradores.

Atuando desta forma é que a Manutenção se torna uma **função estratégica** e consegue fornecer, à empresa, o suporte necessário para a obtenção de melhores resultados. .

1.3.2. Melhores Práticas ou *Best Practices*

Para se alcançar as metas planejadas, ou seja, para ir da "Situação Atual" para a "Visão de *Futuro*", *é preciso implementar, em toda a organização, um plano de ação suportado pelas* melhores práticas, também conhecidas como caminhos estratégicos. A questão fundamental não é, apenas, conhecer quais são estas melhores práticas, mas, sobretudo, ter capacidade de liderar a sua implementação–com a rapidez requerida para permanecer no mercado.

Como diz Alvin Tofler;

"O mundo não se divide mais entre grandes e pequenos, esquerda e direita, mas entre rápidos e lentos."

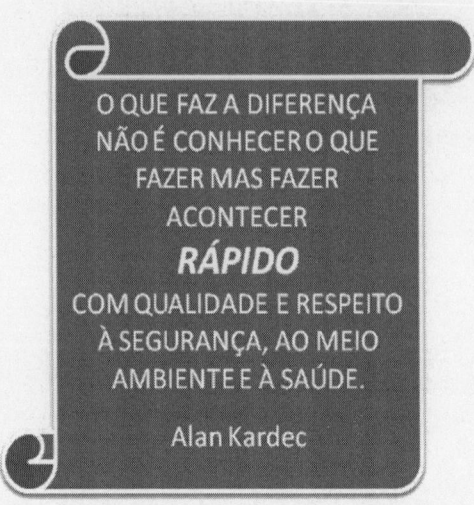

Apresentamos, a seguir, uma relação de algumas melhores práticas de gestão da manutenção:

- A Gestão deve ser baseada em:
1. Plano de Ação, com Responsáveis e Prazos definidos para todas as ações, que viabilizem alcançar as Metas estabelecidas;
2. Itens de Controle / Indicadores de Manutenção e Empresariais tais como, Disponibilidade, Confiabilidade, Meio Ambiente, Custos, Qualidade, Segurança e outros específicos;
3. Análise Crítica periódica.

- A estratégia da atividade de manutenção deve priorizar:
1. A Manutenção Preditiva, acoplada aos *softwares* de diagnóstico;
2. A Engenharia de Manutenção que, dentre as suas atribuições, deve revisar os planos de manutenção preditiva, detectiva, preventiva e de inspeção.

- Os gerentes e supervisores, nos diversos níveis, devem liderar o processo de sensibilização, treinamento, implantação e auditoria das melhores práticas de SMS – Saúde, Meio Ambiente e Segurança;
- A Contratação, sempre que possível, deve ser feita por resultado/parceria com indicadores de desempenho focados nas metas da organização: disponibilidade, confiabilidade, custo, segurança, prazo de atendimento e preservação ambiental;

- Os aspectos de SMS devem ser considerados como valores básicos na Contratação de Serviços, contemplando, dentre outros:
1. Histórico de segurança da contratada;
2. Qualificação e certificação de pessoal;
3. Comunicação de riscos por parte da contratante;
4. Bônus e ônus para resultados de segurança.

- A Gestão deve ser integrada ao orçamento (manutenção e operação) buscando, sempre, o resultado do negócio através da análise criteriosa das receitas e dos custos;
- O Planejamento e Controle da Manutenção devem, sempre, fazer a análise crítica e priorização das intervenções com base na disponibilidade, confiabilidade operacional e resultado empresarial;
- O pessoal da Manutenção deve ser qualificado e, preferencialmente, certificado;
- A Manutenção deve priorizar a eliminação das falhas, ocorridas e potenciais, através da análise da causa básica, acoplada ao esforço do reparo com qualidade, atuando de forma integrada com a operação e a engenharia na busca das soluções definitivas.
- A adoção de programa de Manutenção Produtiva Total – TPM, com base em que o operador é a primeira linha de defesa para monitorar e maximizar a vida dos equipamentos, deve ser implementada em parceria com a Operação;
- A adoção da ferramenta MCC – Manutenção Centrada em Confiabilidade, para os sistemas críticos deve ser praticada;
- Os principais serviços de Manutenção devem ser precedidos pela aplicação da técnica APR – Análise Preliminar de Riscos;
- Incentivar as práticas da multifuncionalidade ou da polivalência observando os aspectos de treinamento e padronização dos serviços;
- Desenvolver, manter atualizados e garantir a aplicação de procedimentos escritos para os principais trabalhos;
- Estabelecer um programa de aplicação de auditorias, internas e externas, como ferramenta de divulgação, verificação da aplicação das melhores práticas e a tendência dos resultados;
- Fazer a análise sistemática da possibilidade e vantagens na aplicação de técnicas preditivas (manutenção baseada na condição) em substituição a técnicas preventivas e corretivas.

Sintetizamos o que julgamos ser as sete melhores práticas, **PRIORITÁRIAS,** de manutenção:

- Trabalho em Equipe;
- Visão Sistêmica;
- Priorização da Preditiva e da Engenharia de Manutenção;
- Eliminação das Falhas, atuando na Causa Básica;
- TAC (Tirar o Assento da Cadeira);
- Medir, Analisar e Atuar sobre o Resultado da Análise (Análise e Diagnóstico); Qualificação e Capacitação das Pessoas.

1.3.3. Paradigma da Manutenção Atual

A Manutenção deve atuar de tal maneira que o equipamento ou sistema somente pare de produzir, de forma planejada.

Quando o equipamento para de produzir por si próprio, sem uma estratégia gerencial, estamos diante de manutenção não planejada, ou mesmo de um fracasso da atividade de manutenção.

> **NÃO É MAIS ACEITÁVEL QUE O EQUIPAMENTO OU SISTEMA PARE DE MANEIRA NÃO PREVISTA – ISSO É O FRACASSO DA MANUTENÇÃO.**

O gerenciamento estratégico da atividade de manutenção consiste em ter a equipe atuando para evitar que ocorram falhas e não atuando apenas na correção destas falhas.

Analogia pode ser feita com uma brigada de combate a incêndio: quando ocorre a emergência a brigada deve atuar rapidamente, mas a principal atividade dela, a partir daí, é evitar a ocorrência de novos incêndios.

A melhor forma de atingir esse objetivo, qual seja evitar falhas aleatórias, é a aplicação das técnicas preditivas. As atividades de manutenção preditiva e de inspeção são fundamentais para que a Manutenção consiga cumprir esse objetivo pelo fato de serem sistematizadas e obedecerem a planos / rotas pré-estabelecidas, além de contarem com informações objetivas de parâmetros sobre os quais podem ser tomadas decisões gerenciais.

O (A) profissional da manutenção do presente e do futuro precisa ser bastante "cabeçudo", não no sentido de ser teimoso, mas no sentido de usar muito a cabeça para evitar que os problemas aconteçam; em contrapartida terá os braços "bem curtos" para intervir o menos possível na planta. Ver Figura 1.8.

1.4. Competitividade

A Competitividade depende, fundamentalmente, da maior produtividade de uma organização em relação aos seus concorrentes, sendo esta produtividade medida pela equação o mesmo tempo simples e complexa:

$$COMPETITIVIDADE = \frac{FATURAMENTO}{CUSTOS}$$

Para se otimizar o **Faturamento** é preciso, otimizar a Confiabilidade e a Disponibilidade dos ativos. Isto pode ser traduzido por:

- Aumento da campanha das unidades produtivas;
- Redução dos prazos de parada das Unidades e dos sistemas;
- Redução o tempo médio para reparo (TMPR);
- Redução das perdas de produção, que devem tender a zero;
- Aumento do tempo médio entre falhas (TMEF).

A otimização do **Custo** se dá através da adoção das melhores práticas tanto na Manutenção como na Operação e em Suprimentos, dentre outros segmentos da empresa.

Na Manutenção, em virtude da dedicação integral às tarefas do dia a dia tanto do PCM quando da execução (especializadas), é fundamental a existência de um grupamento dedicado à melhoria que é comumente denominado Engenharia de Manutenção. Esse segmento terá a seu cargo, dentre outras, as atribuições de :

- Participar dos novos projetos, na busca da alta performance;
- Estabelecer e coordenar um programa que, nas instalações existentes, atue na busca da causa fundamental da falha;
- Melhorar a manutenibilidade tanto nos novos projetos quanto nas instalações existentes objetivando a redução do tempo médio de reparo, garantindo maior segurança e conforto aos mantenedores.

Falando em faturamento, lucro e custo, é preciso que cada um conheça os dados de custo de sua empresa. Dentre esses, é importante conhecer:

- O faturamento da empresa;
- O custo de manutenção;
- O impacto da indisponibilidade na produção / faturamento.

No Brasil, o custo de manutenção em relação ao faturamento bruto, entre 1995 e 2011, representou 4,11%, na média.

Apesar de ser importante otimizar os custos de manutenção, é preciso dar prioridade ao aumento da disponibilidade e da confiabilidade, já que estes fatores estão intimamente ligados ao faturamento e representam 95,89% da equação Faturamento / Custo.

Por esse motivo, uma redução de custo na manutenção, se mal conduzida, pode levar a significativas perdas de disponibilidade, confiabilidade, segurança e consequências ambientais, que irão afetar negativamente o faturamento, o lucro da organização e, até mesmo, produzir desgastes na imagem e/ou na qualidade do produto.

Considerando o custo médio de Manutenção de 4,11% do faturamento bruto das empresas e o faturamento como sendo igual ao PIB (Produto Interno Bruto) do Brasil, em valores aproximados para o ano de 2012, teremos:

- Faturamento é igual ao PIB 2012 à R$ 4,4 trilhões;
- Custo da Manutenção = 4,11% x PIB 2012 = R$ 180 bilhões.

Outro aspecto que deve ser ressaltado é que uma redução exagerada de custos hoje pode representar um passivo significativo pela degradação dos ativos. A ânsia de mostrar resultados de produção obstando a realização de manutenções necessárias ou submetendo o equipamento às condições para as quais esses não foram projetados podem resultar em prejuízos significativos.

A tabela da Figura 1.9 mostra a relação entre o custo total de manutenção e o faturamento bruto dos diversos segmentos econômicos para o ano de 2011.

Segmento Industrial	% Custo total de Manutenção em relação ao Faturamento Bruto da Empresa
Açúcar, Álcool, Agropecuário e Agroindustrial	4,75
Alimentos e Farmacêutico	2,00
Automotivo	2,17
Construção Civil e Construção Pesada	6,67
Energia Elétrica	3,00
Hospitalar e Predial	2,00
Cimento e Cerâmica	3,00
Maq. Eqpto. Aeronáutico e Eletroeletrônica	10,00
Metalúrgico	3,45
Mineração	2,33
Papel e Celulose	5,50
Petróleo	1,50
Petroquímico e Plástico	1,67
Prestação de Serviços (equipamentos)	4,00
Prestação de Serviços (mão de obra)	7,25
Químico	3,00
Saneamento	8,00
Siderurgia	6,20
Têxtil e Gráfico	2,60
Transporte e Portos	6,33
MÉDIA 2011	3,95

Fonte – Documento Nacional 2011 - Abraman

Figura 1.9 – Custo de manutenção em relação ao faturamento

O Gráfico da Figura 1.10 mostra a evolução do custo de manutenção em relação ao faturamento bruto, no Brasil, entre 1995 e 2011. Analisando sua tendência podemos concluir que, de maneira geral, o custo médio caminha para uma estabilização e, portanto, precisamos buscar não o menor custo, mas, sim, o melhor custo, aquele que resulta de uma maior disponibilidade e confiabilidade.

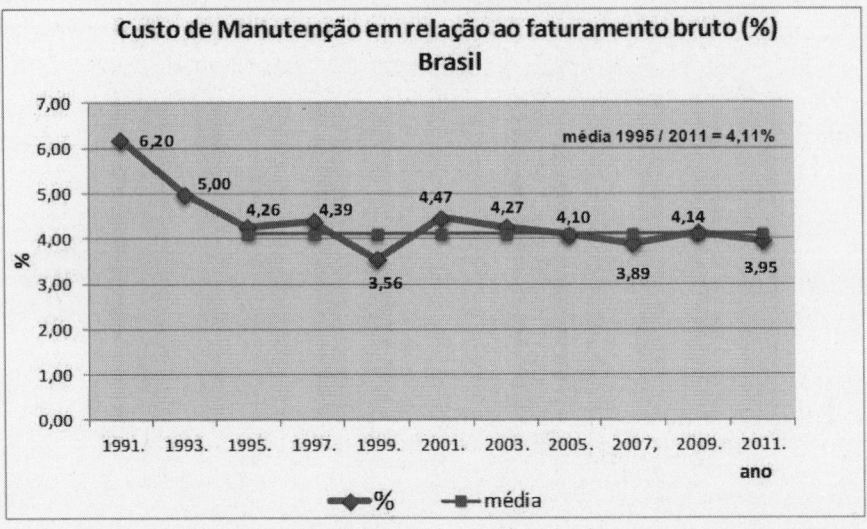

Gráfico 1.10 – Custo de Manutenção em Relação ao Faturamento Bruto.

1.5 . Conceito Atual de Manutenção

O conceito predominante de que a Missão da Manutenção é de restabelecer as condições originais dos equipamentos/sistemas está ultrapassado. No entanto, para algumas empresas, ainda é uma realidade.

Atualmente, a Missão da Manutenção é:

> **"Garantir a Disponibilidade da função dos equipamentos e instalações de modo a atender a um processo de produção ou de prestação de serviços com Confiabilidade, Segurança, Preservação do Meio Ambiente e Custo adequado".**

Por exemplo, a missão não é preservar a lâmpada (equipamento), mas sim a função do sistema (iluminação). Esta mudança no conceito da Missão afeta, sobremaneira, as ações do pessoal de manutenção.

No passado era comum um gerente de Manutenção dizer que seu principal problema era falta de gente, no entanto, na maioria das vezes, o seu principal problema era o EXCESSO DA DEMANDA DE SERVIÇOS, decorrente de uma CONFIABILIDADE não adequada ou da não adoção das melhores práticas na manutenção.

A questão Falta de Gente x Excesso de Demanda (Ver Fig. 1.11) pode parecer um jogo de palavras, mas não é. Se no primeiro caso a solução passa pelo simplismo de se colocar mais gente o que, diga-se de passagem, é um caminho pouco inteligente, no segundo caso os caminhos são diferentes e vão à direção de se buscar uma maior disponibilidade, desde que se tenha mercado, o que redundará em uma menor demanda de serviços, como veremos adiante.

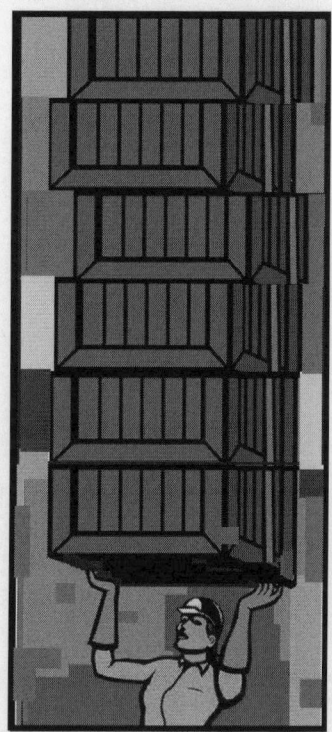

Figura 1.11 – Falta de gente ou excesso de demanda?

1.5.1. Redução da Demanda de Serviços

O aumento da disponibilidade, da confiabilidade, da qualidade, do atendimento, da segurança e da otimização de custos passa, necessariamente, pela redução da Demanda de Serviços, que tem as seguintes causas básicas; ver Figura 1.13:

- QUALIDADE DA MANUTENÇÃO: A falta de qualidade na manutenção provoca o "retrabalho", que nada mais é do que uma falha prematura. O retrabalho significa o fracasso da manutenção e a frustração do cliente e quando isso acontece, além das perdas de produção daí decorrentes os custos serão maiores.

Figura 1.12 – Retrabalho.

- QUALIDADE DA OPERAÇÃO: Do mesmo modo, a não qualidade na Operação provoca uma falha prematura, não por uma questão da qualidade intrínseca do equipamento/sistema, mas por uma ação operacional incorreta; também aqui a consequência imediata é a perda de produção, caso o equipamento / sistema não possua redundância. Os custos serão maiores e, em muitos casos, a não explicitação das causas da ocorrência, pelo operador, implica em grandes perdas de tempo pela Manutenção na busca da causa necessária para se decidir qual ação deve ser tomada.
- PROBLEMAS CRÔNICOS: Existem problemas que são decorrentes da qualidade não adequada do projeto da instalação e do próprio equipamento (*hardware*). Muitos problemas crônicos surgem pelas modificações introduzidas nos equipamentos, normalmente objetivando aumentar a produção, sem a devida análise e sem a incorporação das modificações necessárias

ao atendimento das novas condições. Devido ao paradigma ultrapassado de restabelecer as condições dos equipamentos/sistemas, o pessoal de manutenção e a própria organização habituaram-se a promover, somente, a rápida restauração do equipamento ao invés de buscar, também, a causa básica e dar uma solução definitiva que evite a repetição da falha. Com este procedimento, é comum conviver com problemas repetitivos, no lugar de se praticar a engenharia de manutenção. Isto traduz uma cultura conservadora, imediatista ou pouco indagadora que precisa ser mudada.

- PROBLEMAS TECNOLÓGICOS: A situação é exatamente a mesma da anterior, apenas a solução não é de todo conhecida, o que exigirá uma ação de engenharia mais aprofundada que deverá redundar em melhorias ou modernização dos equipamentos/sistemas ou, até mesmo, sua substituição. Em algumas situações a falta de capacitação do pessoal pode implicar em buscar ajuda de empresas especializadas ou que possuam *know how* para a solução desse tipo de problema.
- SERVIÇOS DESNECESSÁRIOS: Acontecem por diversos motivos ocasionando uma sobrecarga à Manutenção para a qual ela não está preparada nem dimensionada para atender. Dentre eles podemos citar:
1. Filosofia errada de aplicar manutenção preventiva em excesso, sem se considerar a relação Custo × Benefício;
2. Atribuir à Manutenção pequenos projetos de melhoria que não são atrativos para a atividade de Engenharia e, para os quais, a estrutura de Manutenção não está preparada nem tampouco dimensionada;
3. Adotar política exagerada de fabricação interna alegando menor custo para compra de sobressalentes de equipamentos.

- EXCESSO DE MANUTENÇÃO PREVENTIVA – O excesso de manutenção preventiva pode ocorrer pelas seguintes razões:
1. Intervalos ou frequência de intervenção menor que a recomendada ou intervalo conservador por desconhecimento ou inexistência das recomendações do fabricante ou por falta de um histórico de qualidade da instalação ou do equipamento;
2. **Não aplicação de técnicas preditivas que garantam a continuidade operacional sem intervenções desnecessárias.**

- CONTRATAÇÃO DE TERCEIROS COM LACUNAS ou EMPREITEIRIZAÇÃO.
1. Quanto pior a contratação de terceiros piores são os resultados. A demanda de serviços tende a crescer quando a contratação com lacunas aceita empresas não vocacionadas ou sem experiência em manutenção que, via de regra, não possuem profissionais com habilidade ou capacidade de executar serviços de qualidade;
2. O tipo de contratação pode, também, trazer problemas para os resultados.

- FALTA DE DISCIPLINA – nesse item podemos citar:
1. Não cumprimento do planejamento de manutenção
2. Execução dos serviços sem seguir os procedimentos elaborados
3. Não acatar as decisões definidas ou consensadas por serem essas diferentes do seu ponto de vista.

PODE-SE AFIRMAR, COM CERTEZA, QUE ESTA DEMANDA DE SERVIÇOS PODE SER SENSIVELMENTE REDUZIDA!

Figura 1.13 – Demanda de Serviços.

Todas estas questões só serão resolvidas, eficazmente, através de um enfoque sistêmico, ou seja, uma Gestão Estratégica.

Para otimizar a organização como um todo, várias ferramentas estão disponíveis, mas elas só darão resultados eficazes à medida que o pessoal de manutenção internalizar uma nova cultura, sua missão estratégica, seus novos paradigmas, os tipos mais eficazes de manutenção, a prática do trabalho em equipe, a adoção das melhores práticas, o entendimento de que a manutenção deve existir para só intervir de forma planejada na planta.

Enfim, estamos diante da necessidade de um grande processo de mudança; ver Figura 1.14.

Figura 1.14 – "Martelo de Abrir Cabeça".

1.6. Tipos de Manutenção X Resultados X Mudança de Paradigmas

Atualmente são definidos seis tipos básicos de manutenção:

- CORRETIVA NÃO PLANEJADA;
- CORRETIVA PLANEJADA;
- PREVENTIVA;

- PREDITIVA;
- DETECTIVA;
- ENGENHARIA DE MANUTENÇÃO.

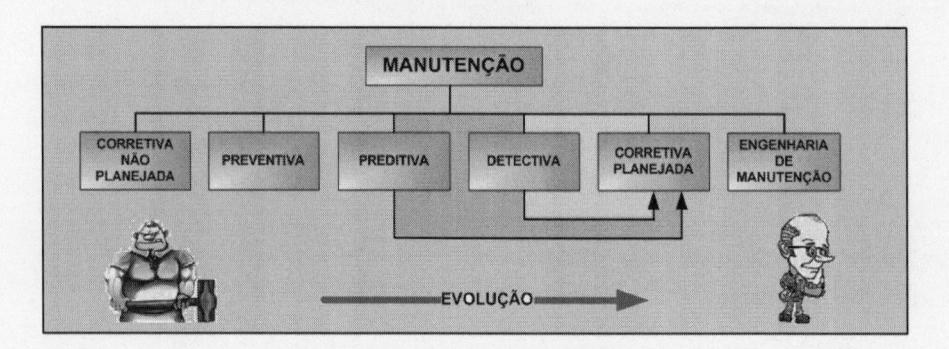

Figura 1.15 – Tipos de Manutenção

Dos tipos de manutenção mostrados na Figura 1.15:

A **Manutenção Corretiva não Planejada** é aquela que se dá após a ocorrência de um fato, seja este uma falha ou desempenho menor do que o esperado. É uma ação emergencial que busca restaurar a condição do equipamento.

Nesse tipo de manutenção não há planejamento prévio (daí o seu nome), a segurança costuma ser negligenciada e os custos são mais elevados.

A **Manutenção Preventiva** é aquela efetuada em intervalos predeterminados, ou de acordo com critérios prescritos, destinada a reduzir a probabilidade de falha ou a degradação do funcionamento de um item.

É uma evolução em relação à manutenção corretiva não planejada. Trata-se de um tipo de manutenção sistematizada (obedece a um plano previamente elaborado) e os serviços são previamente planejados. Apesar disso, por diversas razões dentre as quais o excesso de atuações gerado pela frequência de intervenções e troca de peças em meia vida, apresenta um custo relativamente alto quando comparado com a preditiva. Além disso, a intervenção pode tirar o equipamento de operação afetando negativamente a disponibilidade.

A **Manutenção Preditiva** é aquela que monitorando as principais variáveis dos equipamentos, indica se é necessária a atuação, a qual só é realizada com base na modificação de parâmetros de condição ou desempenho.

A preditiva é o acompanhamento ou monitoramento da condição que obedece a uma sistemática, ou seja, está baseado em um plano.

A ação de reparo, indicada pela Preditiva, é a **Manutenção Corretiva Planejada**, pois corrige uma situação apontada pelo acompanhamento da condição.

Em função do acompanhamento sistemático dos parâmetros, os equipamentos continuam em operação pelo maior tempo possível, o que afeta positivamente a disponibilidade e reduz os custos. Ver Figura 1.16.

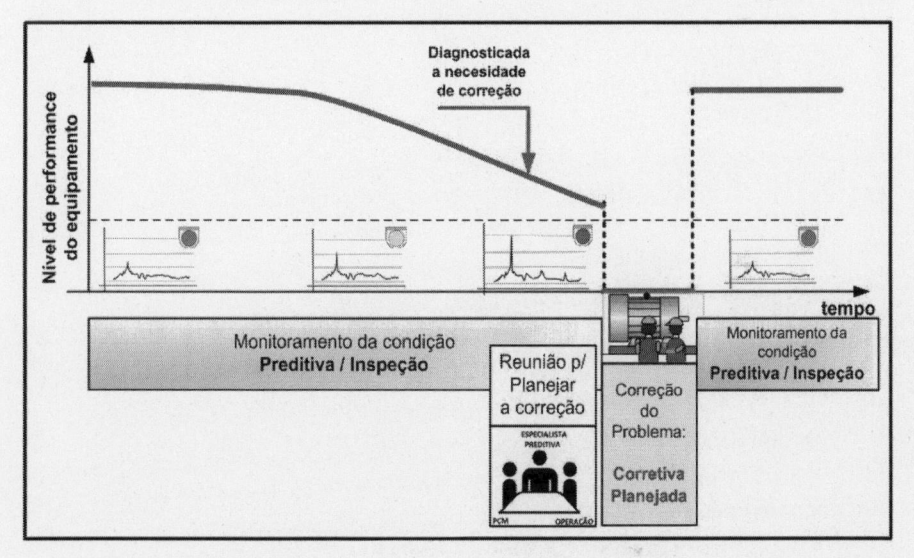

Figura 1.16 – Manutenção Preditiva à Manutenção Corretiva Planejada

A **Manutenção Detectiva** é a atuação efetuada em sistemas de proteção, comando e controle, buscando detectar FALHAS OCULTAS ou não perceptíveis ao pessoal de operação e manutenção.

Desse modo, tarefas executadas para verificar se um sistema de proteção ainda está funcionando representam a Manutenção Detectiva. Esse tipo de manutenção, implantado na década de 90, se aplica a sistemas de comando e controle, instrumentação e automação e sistemas hidráulicos, com maior frequência.

A Engenharia de Manutenção está diretamente ligada à melhoria.

Dentre as principais atribuições da Engenharia de Manutenção estão:

- Aumentar a confiabilidade;
- Aumentar a disponibilidade;
- Melhorar a manutenibilidade;
- Aumentar a segurança;
- Eliminar problemas crônicos;

- Solucionar problemas tecnológicos;
- Melhorar a capacitação do pessoal;
- Participar de novos projetos (interface com a engenharia);
- Dar suporte à execução;
- Coordenar a aplicação das análises de Falhas e estudos;
- Elaborar e Revisar planos de manutenção e de inspeção e fazer sua análise crítica periódica (esse serviço deve ser feito junto com a Inspeção e a Execução);
- Acompanhar os indicadores;
- Zelar pela Documentação Técnica.

Engenharia de Manutenção significa perseguir benchmarks, aplicar técnicas modernas, estar nivelado com a manutenção do Primeiro Mundo.

A Figura 1.17 compara os tipos de manutenção relacionando aspectos de resultados qualitativos obtidos e custos. Na ordenada à esquerda estão representados os seguintes resultados, entre outros:

- Disponibilidade;
- Confiabilidade;
- Atendimento;
- Segurança Operacional e Pessoal;
- Preservação Ambiental.

Na ordenada à direita, e **em sentido inverso,** está representado o Custo.

Verifica-se que os resultados serão tanto melhores e os custos tanto menores à medida que se caminha da corretiva NÃO planejada para a preditiva e para a engenharia de manutenção que, conforme comentado anteriormente, por ser uma área ligada à melhoria é a que apresenta melhores resultados e impacta a disponibilidade e a redução de custos significativamente.

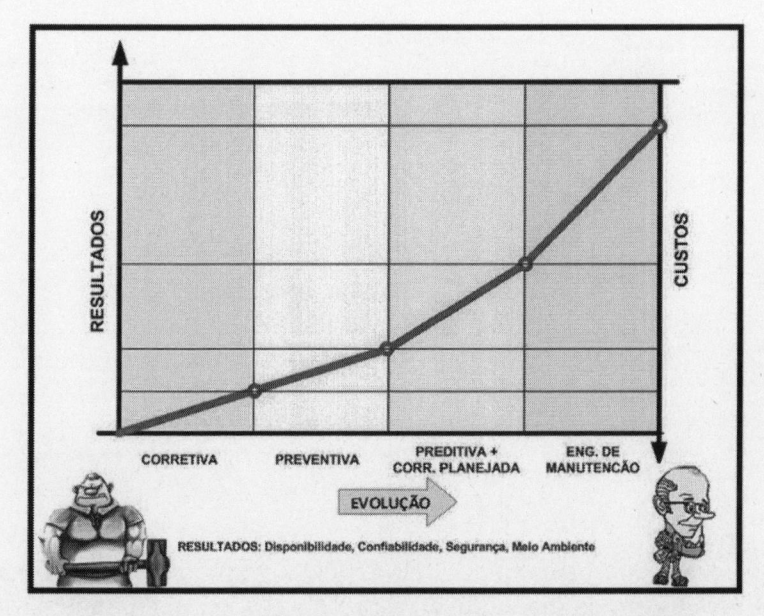

Figura 1. 17 – Resultados × Tipos de Manutenção x Custos

O aumento da Disponibilidade e da Confiabilidade, a melhora no Atendimento, na Segurança Operacional e Pessoal e na Preservação Ambiental é, no médio e longo prazo, sempre acompanhados da otimização de custos.

Não há como estes resultados caminharem em direções opostas.

A Figura 1.17 mostra uma evolução positiva nos resultados à medida que melhores técnicas vão sendo introduzidas. Entre a Corretiva e a Preventiva ocorre uma melhoria contínua, mas mantendo a inclinação da reta.

Entretanto, quando se muda da Preventiva para a Preditiva ocorre um salto nos resultados, uma primeira quebra de paradigma, indicado pela mudança de inclinação da reta, isto porque a Preditiva leva o equipamento a operar no seu limite pelo acompanhamento das suas variáveis de controle.

Uma segunda quebra de paradigma ocorre quando se adota a Engenharia de Manutenção já que, neste caso, vamos ter um aumento da Disponibilidade devido ao aumento do TMEF – Tempo Médio Entre Falhas provocado pela atuação da Engenharia de Manutenção.

A tabela 1.3 mostra de modo quantitativo o que a Figura 1.17 indica de modo qualitativo. Observa-se que o custo da Corretiva não Planejada é, no mínimo, o dobro da Manutenção Preditiva/Corretiva Planejada.

TIPO DE MANUTENÇÃO	RELAÇÃO DE CUSTOS DE MANUTENÇÃO *
CORRETIVA NÃO PLANEJADA	2,0 a 6,0
PREVENTIVA	1,5
PREDITIVA + CORRETIVA PLANEJADA	1,0

(*) não inclui custos da indisponibilidade ou perda de produção
Tabela 1.3 – Comparação de Custos

> A OTIMIZAÇÃO DE CUSTOS NA MANUTENÇÃO É MUITAS VEZES MAIS EFETIVA PELA ADOÇÃO DE MELHORES PRÁTICAS DO QUE A APLICAÇÃO DE CORTES INDISCRIMINADOS.

Vale ressaltar ainda que, muito mais impactante que o maior custo direto decorrente da Corretiva Não Planejada, é a redução da disponibilidade e, consequentemente, do faturamento. Como já explicitado anteriormente, o custo da manutenção representa, apenas, em média 4,11% do faturamento das empresas. Daí há que se ter muito mais atenção para o impacto no faturamento.

1.7 Trabalho em Equipe

O trabalho em equipe é um importante fator crítico de sucesso tanto na organização como na manutenção em particular.

O trabalho em equipe, apesar de lógico e percebido por todos como importante, é uma das grandes dificuldades das organizações e uma das maiores causa que determinam o sucesso ou o fracasso empresarial. Às vezes, uma organização com muitos talentos individuais obtém resultados inferiores aos de outra com menos talentos individuais e maior espírito de equipe.

A Figura 1.16 ilustra com muita propriedade essa questão. Como mencionado no início deste capítulo, o Planejamento Estratégico da Empresa prevê que é necessária a participação de todos os segmentos e colaboradores para que as Metas sejam alcançadas e os resultados, dentre eles a competividade, seja obtida. No entanto, não é incomum constatar-se que nas organizações o alinhamento de todos os segmentos e colaboradores nem sempre é obtido. Analogamente à figura, se não houver um compartilhamento efetivo por parte de todos e união de esforços, literalmente "o barco vai afundar".

Figura 1.18 – Espírito de Equipe.

A importância do trabalho em equipe já foi tema de diversos cursos, seminários e congressos, tanto no Brasil quanto no exterior, alguns sob o sugestivo título "A Guerra dos Aliados".

Também no esporte o trabalho em equipe é indispensável. Um exemplo recente é o da seleção brasileira feminina de vôlei que no início da última olimpíada em Londres não estava no seu melhor momento técnico, entretanto superou-se pela garra e pelo formidável espírito de equipe.

Figura 1.19 – Equipe brasileira campeã olímpica de vôlei

1.8. Gestão de Ativos

Nos últimos quinze anos a gestão da Manutenção e Empresarial evoluiu, rapidamente, passando por três etapas:

- Tecnologia: até meados dos anos noventa, predominava, apenas, uma visão muito tecnológica como se somente o conhecimento técnico fosse garantia de sucesso;
- Gestão da Manutenção: na virada do milênio, a comunidade passou a praticar a Gestão de cada Processo, ou seja, como fazer com que o conhecimento tecnológico, que é indispensável, pudesse levar à melhores resultados empresariais. Isto se aplicou, também, à manutenção;
- Gestão de Ativos: A partir da metade da década passada, iniciou-se a etapa da Gestão de Ativos, com um enfoque sistêmico de toda a organização.

Importante: não confundir Gestão de Ativos como sendo um novo nome para a Manutenção; esta é, apenas, uma parte do processo daquela.

1.8.1. A Gestão de Ativos e a Manutenção

A Gestão de Ativos de uma planta é uma atividade corporativa focada nos ativos tangíveis (equipamentos e sistemas). A Gestão de Ativos compõe-se de atividades e de tomada de decisões que cobrem as fases do ciclo de vida do investimento que incluem o projeto, a aquisição, a qualificação das pessoas, a pré-operação, a operação, a manutenção, a modernização ou implantação de melhorias e a fase de descarte.

Observa-se que a Gestão da Manutenção é, apenas, uma das fases da Gestão de Ativos.

Gestão de Manutenção: Corretiva – Preventiva – Preditiva – Detectiva – Engenharia de Manutenção.

Gestão de Ativos: Projeto – Aquisição – Qualificação das Pessoas – Pré-Operação – Entrada em Operação – Manutenção – Modernização – Disposição Final (Reciclagem).

A Terceirização é aplicada em várias fases deste processo, no todo ou em parte, como, por exemplo:

- Projeto;
- Fornecimento de equipamentos e materiais;
- Montagem;
- Manutenção;
- Descarte.

De acordo com a padronização inglesa BSI-PAS 55, *"Gestão de Ativos são atividades e práticas sistemáticas e coordenadas através das quais uma organização, de forma otimizada e sustentável, gerencia os seus ativos e sistemas correlacionados a sua performance associada, riscos e gastos durante o seu ciclo de vida com o propósito de atingir o seu planejamento estratégico"*.

A Gestão de Ativos contribui para o sucesso econômico de uma empresa, medido através do ROA (*"Return on Assets"* ou Retorno sobre os Ativos). Esse índice mede o retorno do capital empregado e interessa sobremaneira aos acionistas.

No entanto, a Gestão de Ativos também proporciona desenvolvimento social e ambiental das empresas, além do sucesso financeiro, o que caracteriza o desenvolvimento sustentável.

Simplificadamente pode-se afirmar que a Gestão de Ativos é um conjunto de muitas ações levadas a efeito de modo eficiente. Esse conjunto de ações permeia todas as atividades de uma organização e garantem que o resultado final será o mais adequado. Esse resultado é fundamental para que a empresa seja competitiva e permaneça no mercado.

A Gestão de Ativos que é um novo paradigma que o mundo desenvolvido já empunha e que as empresas brasileiras, em nível de excelência, já começam a empunhar, tendo a grande vantagem de colocar o pessoal de manutenção no mundo financeiro e junto das decisões estratégicas das organizações.

> **A MANUTENÇÃO DEIXA DE SER SOMENTE UM CENTRO DE CUSTOS PARA FOCAR NOS RESULTADOS EMPRESARIAIS**

> **ESSA É GRANDE MUDANÇA DE PARADIGMA.**

1.8.2. Ativos e Custo do Ciclo de Vida

Ativo é qualquer item que tenha valor econômico ou monetário, pertença a um indivíduo ou a uma corporação, especialmente aquele que possa ser convertido em dinheiro.

A Manutenção tem seu foco voltado para os ativos físicos tais como terrenos, edificações, veículos, máquinas / equipamentos, tubulação, fiação, instrumentação e automação, sistemas de controle e sistemas de software.

Classificação dos ativos:

BENS IMÓVEIS
Terrenos, Escritórios, Escolas, Hospitais, Casas, Armazéns

PLANTAS E PRODUÇÃO
Mineração, Textil, Quimica, Eletrônica, Alimentícia, Petróleo

ATIVOS MÓVEIS
Militares, Públicos, Linhas aéreas, Navegação, Frotas, Trens

INFRAESTRUTURA
Estradas, Ferrovias, Transmissão e Distribuição Elétrica, Oleodutos e Gasodutos, Água, Telecomunicação

TECNOLOGIA DA INFORMAÇÃO
Hardware, Software, Redes, Roteadores, Service Desk

Figura 1.20 – Tipos de ativos

Todos os ativos físicos têm um ciclo de vida e valores financeiros a ele associados surgindo assim a expressão CUSTOS DO CICLO DE VIDA (Life Cycle Costs - LCC).

Segundo a SAE (1999), Custo do Ciclo de Vida é o custo total de propriedade de máquinas e equipamentos, incluindo o seu custo de aquisição, operação, conversão, manutenção e / ou demolição/descarte. Em outras palavras, os Custos do Ciclo de Vida (LCC) são todos os custos diretos e indiretos necessários à aquisição, instalação, operação, manutenção e descarte de equipamentos e sistemas.

A Figura 1.21 mostra, de maneira simplificada e qualitativa, os custos que incidem nas fases do ciclo de vida dos ativos.

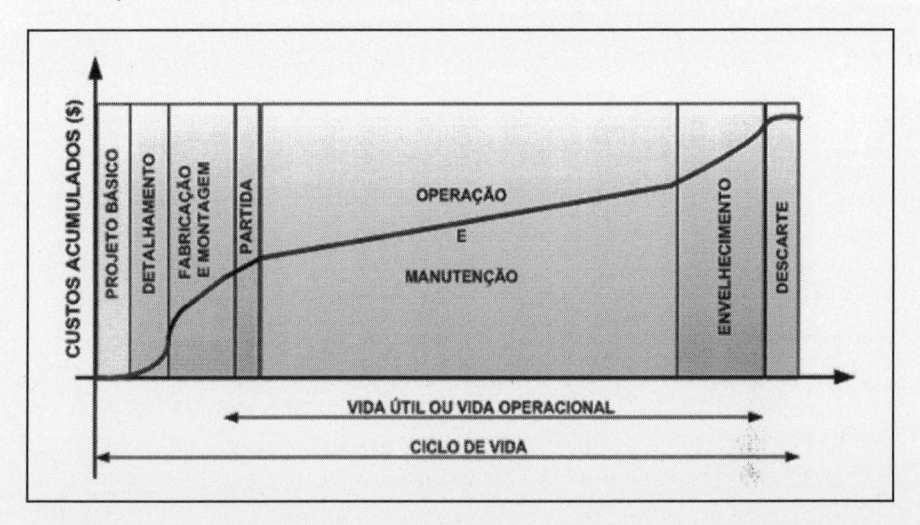

Figura 1.21 – Custo do Ciclo de Vida dos Ativos (Life Cycle Cost – LCC)

O objetivo da análise do LCC é escolher a abordagem mais rentável a partir de uma série de alternativas para atingir o menor custo em longo prazo.

Usualmente os custos de operação, manutenção e descarte excedem os custos anteriores e chegam de 2 a 20 vezes o custo inicial de aquisição.

A Manutenção deve se adequar para participar efetivamente de todas as fases do ciclo de vida dos ativos e, como os demais segmentos da empresa, unir esforços para obtenção de melhores resultados. Nas empresas onde ainda se trabalha isoladamente ocorrem situações como as citadas abaixo, onde cada um dos departamentos pensa exclusivamente em si:

- A Engenharia quer minimizar os custos de capital como único critério;
- A Manutenção quer minimizar as horas de reparo e o seu custo, exclusivamente;
- A Operação quer ver maximizada a disponibilidade dos ativos;
- A Engenharia de Manutenção quer corrigir falhas e reduzir custos, e só;

- O Financeiro quer reduzir ao máximo as despesas do projeto e os custos de rotina;
- Os Acionistas querem aumentar os lucros, dentro de uma visão de curto prazo.

Cada um pensa segregadamente no seu departamento como se isso bastasse para o sucesso da Organização. Enquanto não houver uma atuação compartilhada, como um time ou uma equipe, já tratado neste capítulo, os resultados da empresa não garantirão a sua sobrevivência.

> **A corrida empresarial é uma maratona e não uma corrida de 100m.**

A função de gestão de ativos é necessária para fornecer o conhecimento dos ativos e a capacidade de gestão e suporte à decisão de atividades relacionadas ao contexto do negócio. Na área de planejamento e orçamento de capital, ou CAPEX, isto envolve os custos de capital relativos ao investimento.

Na área de orçamento operacional ou OPEX, isto envolve:

- O planejamento e gestão de compras (consumíveis e peças de reposição);
- Custos de manutenção de paradas;
- Custos com a Terceirização;
- Custos operacionais e administrativos.

1.8.3. Gestão de Ativos – Fator Humano

É a questão de maior variabilidade no processo, porque influencia todos os demais sistemas e os torna mais rentáveis ou com maior responsabilidade pelos resultados negativos!

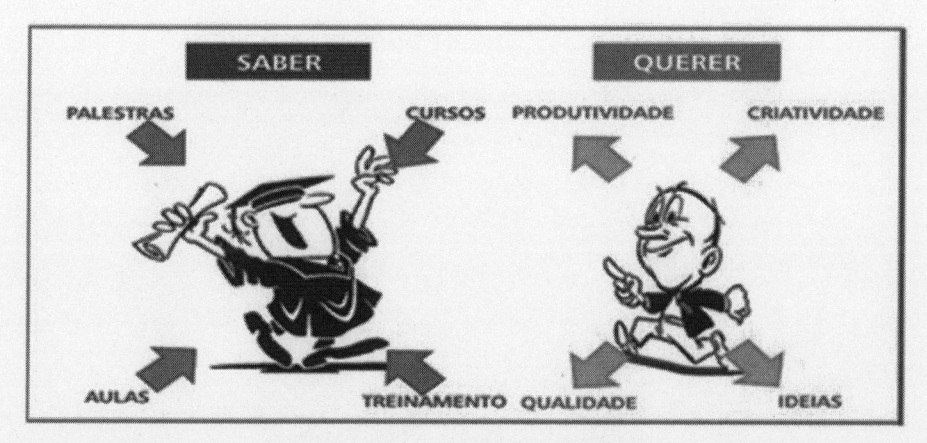

Figura 1.22 – QUERER X SABER

É importante ter clareza que não basta SABER, é preciso QUERER. Enquanto o SABER é um processo de fora para dentro, o QUERER é um processo de dentro para fora ver Figura 1.22. É necessário que os gestores tenham a habilidade de fazer com que a sua equipe funcione verdadeiramente como um TIME para que este conhecimento se transforme em resultados.

Existem fatores que ajudam a aflorar o QUERER, onde destacamos:

- Elogie o colaborador pelo atingimento de uma meta ou a realização de alguma coisa fora do esperado;
- Quando da Análise Crítica, faça as correções de rumo ou de prazo de forma clara sem ser grosseiro;
- Proporcione momentos de integração da equipe como, café semanal, aniversariantes do mês, *happy hours* etc.;
- Compartilhe os bons e maus resultados alcançados, de tal maneira que os colaboradores sintam como são importantes para a organização.

É muito importante comemorar, valorizar e envolver os colaboradores!

1.9. A Preditiva e o Agente de Mudança

A implementação e consolidação da Manutenção Preditiva têm passado por um necessário processo de mudança, e a implementação de mudanças nas organizações depende de lideranças.

Em muitas empresas a implantação da Preditiva não ocorre em função dos seguintes fatos:

- Desconhecimento, pela gerência, do que seja Manutenção Preditiva e qual a sua contribuição para os resultados;
- Gerentes obstinados em cortar custos (por cortar) julgam que os investimentos na Preditiva são altos, mas desconhecem os resultados ou, se conhecem, preferem ficar com o corte de custos numa atitude imediatista;
- Gerentes que não conhecendo os detalhes técnicos da manutenção, dentre os quais a manutenção preditiva, não exercitam a sábia postura de ouvir o seu pessoal técnico e, juntamente com eles, promover as melhorias que essa técnica de manutenção proporciona.

Existe um mito para muitas pessoas que o líder é, apenas, o número "1" e que sem o patrocínio dele as mudanças tornam-se difíceis de acontecer ou mesmo impossíveis.

Fica a pergunta: quem é o número "1" da sua organização? A resposta correta é que são vários: o presidente, o diretor, os gerentes de departamento, de setor, de seção, os supervisores e, certamente, vai chegar a você.

Você só conseguirá realizar alguma mudança se ela começar por você:

VOCÊ É O NÚMERO "1".

Figura 1.23 – Você é o número 1

As mudanças que acontecem de cima para baixo são, principalmente, poucas e de cunho estratégico, conhecidas no jargão da gestão de "efeito chuveiro". Entretanto, as muitas mudanças que ocorrem nas organizações são realizadas nos níveis inferiores – de baixo para cima, conhecidas no jargão da gestão de "efeito bidê".

Por que a liderança é fundamental?

- Porque melhores resultados dependem, quase sempre, de mudanças;
- Mudanças dependem de lideranças;
- Lideranças correm riscos, que são inerentes a qualquer processo de mudança.

Fica a pergunta: Você está disposto a correr riscos? Se você está disposto, é muito provável que você vai se tornar um verdadeiro líder!

1.9.1. Características do Agente de Mudança

Para deflagrar um processo de mudança é necessário que se conheçam as 10 condições ou características necessárias para liderar esse processo; são elas:

- Objetivo: é preciso ter clareza o que se quer mudar – é imprescindível ter foco;
- Disciplina: estabelecer um plano de ação e disciplina para cumpri-lo;
- Conhecimento: é preciso ter clareza de propósito e, sobretudo, ser um "mestre" para transmitir para os demais envolvidos;
- Articular Aliados: não se vai a nenhum lugar sozinho, sobretudo para enfrentar as naturais resistências que, inevitavelmente, surgirão pelo caminho;
- Convicção da Mudança: o líder tem que transmitir confiança na mudança e que ela será benéfica para as diversas partes envolvidas;
- Comunicação das vantagens da mudança: nenhuma mudança deve ser deflagrada sem se ter uma clareza de seus benefícios e que isto seja mostrado para todos;
- Energia: o Agente de Mudança tem que ser uma permanente luz e energia para aqueles que tendem a fraquejar ao longo do caminho;

- Coragem: é necessária muita garra para ir em frente, apesar de resistências que, naturalmente, ocorrerão;
- Estratégia: vários dos pontos já citados devem compor uma estratégica que garanta uma boa margem de sucesso na implantação do processo;

E, SOBRETUDO, PERSISTÊNCIA!

Figura 1.24– Persistência

Mudanças requerem tempo para serem consolidadas e, portanto, há que se ter persistência para "arar – semear – cuidar – crescer – colher os frutos". Ver Figura 1.25.

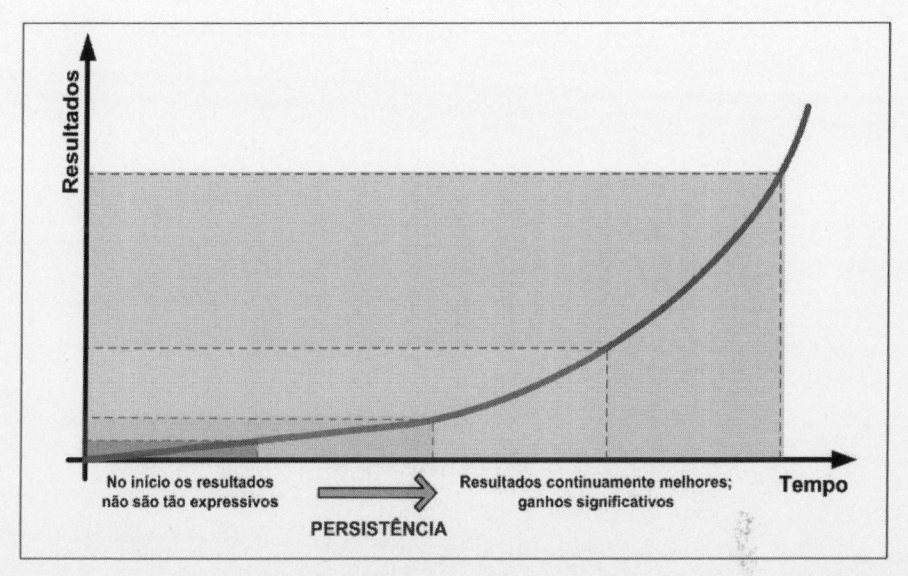

Figura 1.25 - Resultados x Tempo

1.10. Considerações Finais

O papel estratégico da manutenção é o grande desafio gerencial destes novos tempos. A visão sistêmica do negócio e a mudança de paradigmas e de conceitos levarão a grandes mudanças, mudanças essas necessárias à melhoria dos resultados empresariais.

No gerenciamento da Manutenção, algumas premissas deixaram de ser opção para serem obrigação. Duas delas são absolutamente fundamentais:

- Implementação da Manutenção Preditiva como fator indispensável para aumento da disponibilidade e fator de redução de custos, por consequência;
- Implementação da Engenharia de Manutenção, como núcleo do processo de melhoria na Manutenção.

Nesse contexto, é de fundamental importância que o gerente seja um agente de mudanças e lidere esta nova fase, que será uma caminhada cheia de novos desafios, mas promotora de resultados expressivos.

É fundamental também que o gerente busque e incentive a participação de todos os profissionais da Manutenção de modo que as ações de melhoria, cumprimento dos programas da rotina e interação com as demais áreas da empresa se deem de forma natural. Essa participação deve incluir pessoal próprio e os terceirizados.

Além disso, os níveis gerenciais e de supervisão devem ter a humildade suficiente que lhes permita ouvir e aprender com os subordinados, atentar para suas sugestões e através de um processo de escolha fundamentado, implementar aquelas que promovam as melhorias necessárias à competitividade da organização.

Por outro lado, o não entendimento desta nova rota levará, certamente, a perdas incalculáveis ou, até mesmo, à perda de competitividade da empresa que possivelmente redundará na perda do seu emprego.

Essa é uma grande oportunidade.
É PRECISO APROVEITÁ-LA.

Capítulo 2
Manutenção Preditiva –
A Relação Custo-Benefício

2.1. Introdução

Duas grandes solicitações são constantemente feitas, pelas gerências, ao pessoal de Manutenção:

- Reduzir os custos de manutenção;
- Aumentar a disponibilidade dos ativos.

A redução dos custos de manutenção, na maioria dos casos colocada como meta tem causado muitos estragos na manutenção e na própria produção. Exemplo:

META → Reduzir o custo de manutenção em 10% em 12 meses, tomando-se por base a média dos últimos três anos.

Via de regra, o pessoal de manutenção começa a analisar onde seriam possíveis cortes que permitissem alcançar a meta estabelecida. Dentre esses cortes "possíveis", nos deparamos com ações do tipo:

- Redução no quadro de pessoal (N pessoas x R$ salário-custo/mês x 12 meses);
- Redução de pessoal contratado, principalmente quando se contrata por mão de obra (N contratados x R$ pago por contratado x 12 meses);

- Postergar ações previstas no plano de manutenção preventiva de modo a aplicar menos recursos humanos, materiais e sobressalentes;
- Adiar reforma ou recuperação de conjuntos ou equipamentos para o ano seguinte de modo não onerar os resultados do ano corrente;
- Cancelar ou transferir para o ano seguinte treinamentos – capacitação de pessoal.

Percebe-se que todas essas ações têm como foco cortar custos para atingir a meta. Não fazem parte de uma análise mais aprofundada e certamente vão resultar, no médio prazo, em piora nos resultados da Manutenção e da empresa.

A medida de postergar o cumprimento do plano de preventiva ou a reforma de equipamentos pode afetar no curto/médio prazo, diretamente a disponibilidade. E os custos da NÃO DISPONIBILIDADE serão absurdamente mais altos do que a economia que a Manutenção conseguiu fazer com essas medidas.

Tudo indica que os gerentes continuarão pedindo redução nos custos de manutenção, custos de suprimento e outros custos. A equação para a gerência maior, focada nos acionistas implica em que:

> PREÇO DO PRODUTO = CUSTOS DE PRODUÇÃO + LUCRO

O custo de manutenção é uma das parcelas do custo de produção. Como o preço não pode ser arbitrariamente aumentado ou ficar acima do preço da concorrência, para aumentar o lucro há que se reduzir o custo.

> Mas o objetivo não será alcançado com a aplicação de
> CORTAR CUSTOS A QUALQUER CUSTO.

A Manutenção, através de uma boa Gestão, precisa conseguir melhorar, ao mesmo tempo, CUSTOS E DISPONIBILIDADE.

Para tal, tem que desenvolver um plano de ação que contemple a aplicação das melhores práticas (todas sobejamente conhecidas, mas quase nunca aplicadas).

Dentre as melhores práticas, selecionamos algumas que interferem diretamente em CUSTOS e DISPONIBILIDADE:

- Aplicação da manutenção preditiva em detrimento da manutenção preventiva em excesso e da manutenção corretiva não planejada;
- Capacitação do pessoal de manutenção;
- Contratação, sempre que possível, por resultados com indicadores focados nos resultados da planta – disponibilidade, custos, confiabilidade;
- Aplicação sistemática de um programa de análise de falhas buscando identificar a causa raiz de falha e evitar a reincidência.

Outro aspecto que deve sempre ser levado em consideração é o conhecimento dos custos pela média gerência e supervisão da manutenção e de outras áreas da organização. O desconhecimento dos custos envolvidos nas empresas é, lamentavelmente, muito alto. Fica então a pergunta:

> Como é que uma área se propõe a reduzir custos se não sabe o quanto custa o que faz e quanto o que faz reflete nos custos da empresa?

Algumas perguntas podem ajudar o leitor a testar o seu nível de conhecimento de custos:

1. Qual é o custo anual de manutenção na sua empresa?
2. Qual o percentual desse custo em relação ao faturamento bruto da empresa?
3. Dentro do *breakdown* dos custos de produção, qual é o percentual relativo à manutenção?
4. Escolha um equipamento de criticidade "A" do seu processo. Quanto custa cada hora de paralisação desse equipamento para a empresa?
5. O PCM faz orçamentação das OS (Ordens de Serviço)?
6. O custo de materiais e sobressalentes aplicados nos serviços de manutenção são computados no custo final das OS?

2.2. Causa de Falhas

"Do ponto de vista da gestão de ativos, é necessário entender as causas raízes de falhas nas plantas, de modo a estabelecer uma condição efetiva de monitoramento e as estratégias de gerenciamento dos ativos." [19]

A frase anterior, cunhada na perspectiva de empresas seguradoras em 2010 em artigo de *Ian Barnard*, é muito pertinente. Os gráficos das Figuras 2.1 e 2.2 são baseados nesse artigo.

Verifica-se que:

- Mesmo em plantas elétricas a maior causa de falhas é de origem mecânica;
- Em equipamentos mecânicos a maior causa de falhas é a contaminação;
- Nos equipamentos mecânicos o item lubrificação é fundamental haja vista o somatório relativo à contaminação, viscosidade, partículas de desgaste e umidade, que totalizam 68% das causas de falha, segundo essa pesquisa;
- O segundo grupo em importância nas falhas de equipamentos mecânicos é composto por desbalanceamento e desalinhamento que totalizam 19%. Esses dois itens serão tratados no capítulo 3 desde que os consideramos como itens básicos na execução de serviços de manutenção mecânica.

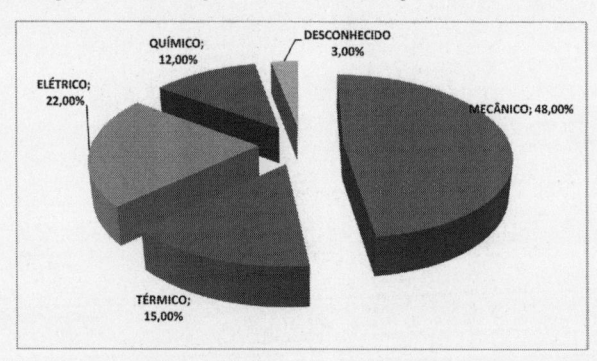

Figura 2.1 – Causas primárias de falhas de equipamentos em plantas elétricas [19]

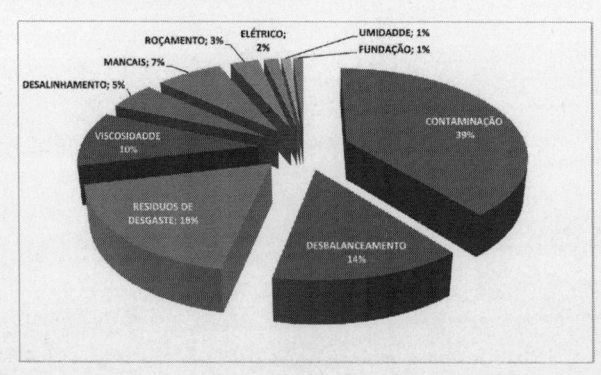

Figura 2.2 – Causas primárias de falhas em equipamentos mecânicos[19]

Percebe-se que a minimização das falhas, a partir das informações acima, nos remete a adoção de técnicas preditivas para acompanhamento da "saúde" dos equipamentos, pois:

- Desalinhamento e desbalanceamento estão diretamente ligados aos níveis de vibração nos equipamentos;
- Viscosidade, contaminação, umidade e partículas de desgaste estão diretamente ligadas à lubrificação e à inspeção rotineira que faz parte da inspeção / preditiva.

Se aprofundarmos um pouco mais na causa de falhas, veremos que as falhas em rolamentos, mostradas na Figura 2.3, apresentam as seguintes causas:

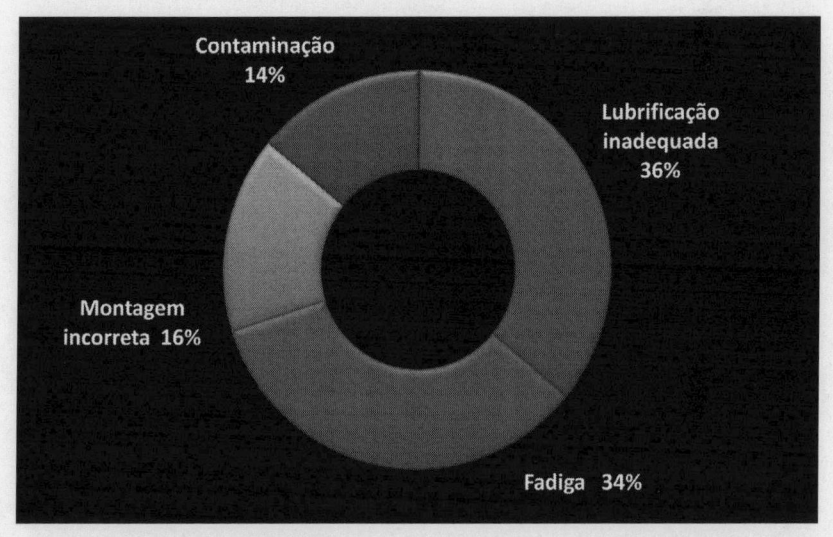

Figura 2.3 – Causas de falhas em rolamentos (fonte SKF)

Verifica-se que:

- Lubrificação inadequada mais contaminação representam 50% das falhas;
- As três primeiras causas (Montagem incorreta, lubrificação inadequada e contaminação) representam 66% da causa de falhas e, através de uma ação mais eficaz da manutenção, podem ser minimizados.

Outro dado que deve ser levado em consideração é que as fontes de vibração em máquinas ou equipamentos rotativos, mostradas na Figura 2.4, são causadas por desalinhamento e desbalanceamento que juntos representam 86% das causas de vibração.

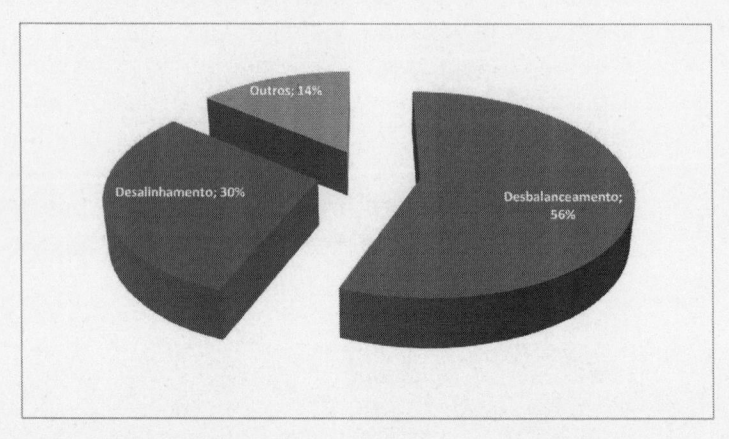

Figura 2.4 – Causas de vibração em máquinas [22]

Os Motores elétricos são o tipo de máquina mais usada em todo mundo. Depois dele aparecem as bombas centrífugas. O gráfico da Figura 2.5 indica as causas principais de falhas em motores elétricos e o da Figura 2.8 as principais falhas em bombas centrífugas.

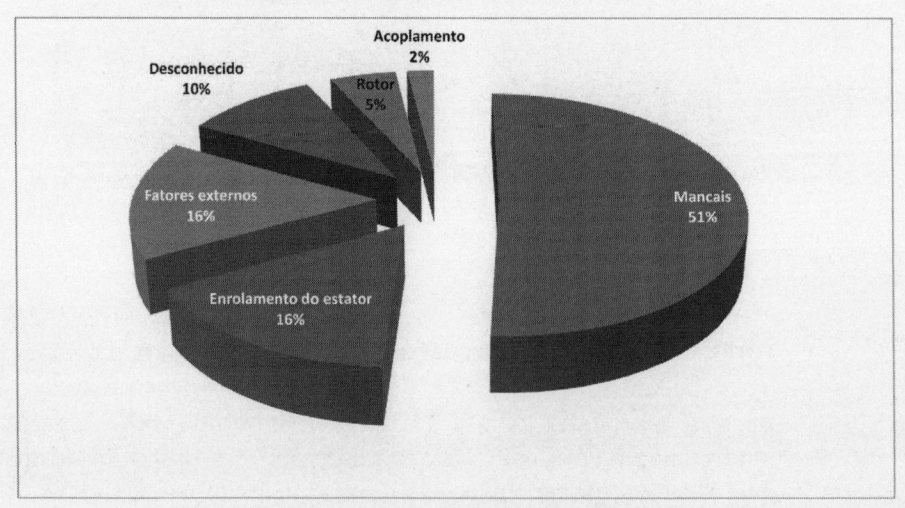

Figura 2.5 – Causas de falhas em motores elétricos [23]

No caso dos motores elétricos, dois tipos de ocorrências contribuem para reduzir o tempo médio entre falhas: sujeira e lubrificação por graxa em excesso.

A sujeira é particularmente danosa para o motor, pois:

- Pode se acumular na superfície do motor bloqueando a passagem de ar pelas aletas de ventilação o que causa aumento da temperatura de operação;
- Se a sujeira se instala em enrolamentos do motor, ele pode "grudar" no isolamento dos enrolamentos, reduzindo seu grau de isolamento e levando a possível falha de isolamento; ver Figura 2.6.

Figura 2.6 – Falha em motor elétrico ocasionada por sujeira [24]

O excesso de graxa também é prejudicial ao motor. No entanto, "para garantir", os lubrificadores sempre optam por colocar "mais um pouco" de graxa (dar mais algumas bombadas). Ao fazer isso pode ocorrer o seguinte:

- Caso a caixa de mancal esteja cheia de graxa, se a lubrificação continua, o excesso de lubrificante pode migrar para o interior do motor. No interior do motor a graxa cobre o enrolamento causando-lhe danos;
- O excesso de graxa na caixa de mancal provoca amento da temperatura no rolamento o que pode causar danos; ver Figura 2.7.

Figura 2.7 – Excesso de graxa em um motor elétrico [23]

Análises de falhas levadas a efeito em diversas partes do mundo indicam que os itens que mais contribuem para falhas em bombas centrífugas são selos mecânicos e mancais; ver Figura 2.8.

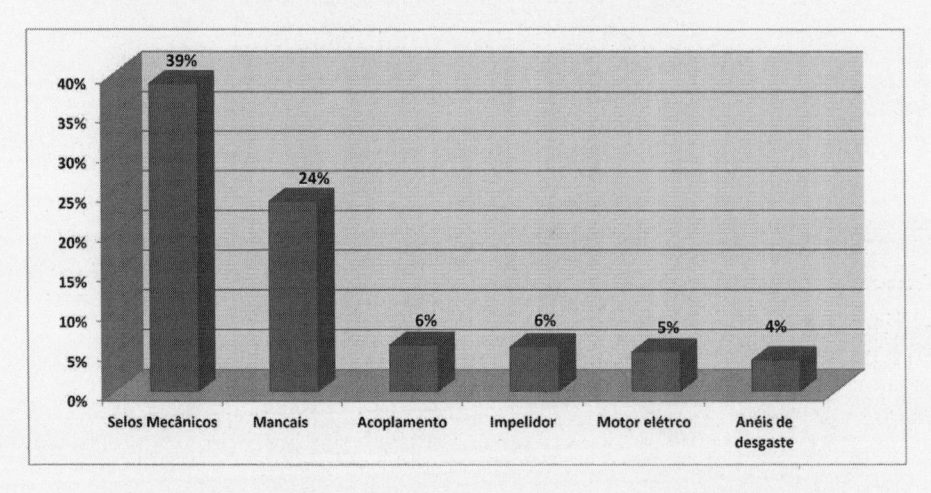

Figura 2.8 – Principais falhas em bombas centrífugas em refinarias de petróleo

Na média, selos mecânicos representam praticamente 40% da causa de falhas e mancais 24% do total de falhas.

As análises de falhas em selos mecânico apontam operação deficiente e problemas no sistema de selagem como as principiais causas que, somadas, atingem a 59%.

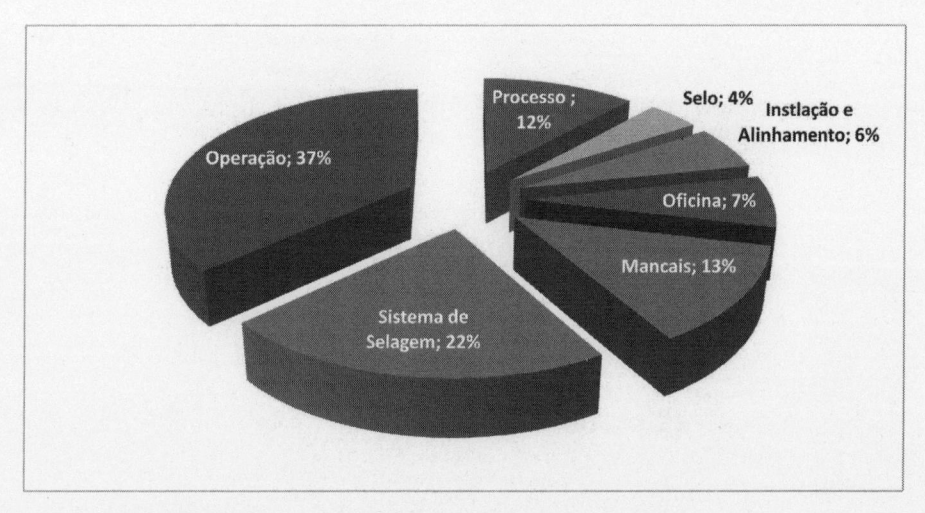

Figura 2.9 – Causas de falhas em selos mecânicos [29]

Nos mancais, a contaminação é sempre um dos itens de maior contribuição para a redução da vida. Ver Figura 2.10.

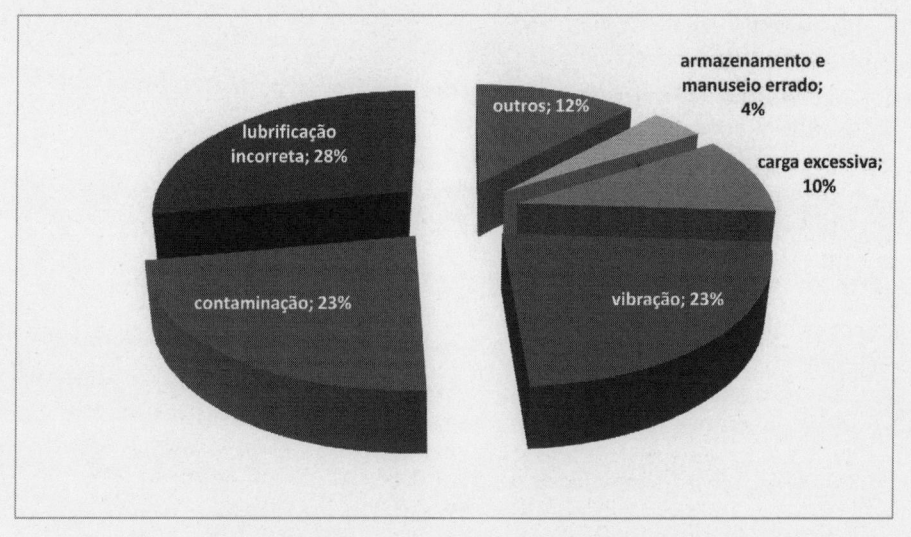

Figura 2.10 - Causas de falhas em mancais de bombas centrífugas [28 e outros]

O que foi apresentado neste item, ao mesmo tempo em que permite um melhor entendimento das causas de falhas, proporciona a oportunidade de constatar que a minimização dessas causas é:

- Responsabilidade da Manutenção, da Operação e da Engenharia;
- A manutenção mais eficaz, que sabe o que fazer, como fazer e quando fazer modifica radicalmente a repetição de falhas e a ocorrência delas;
- O monitoramento dos ativos, seja off-line ou on-line, através de técnicas preditivas ou de inspeção sensitiva, através da lubrificação e da operação como primeira verificação, é fundamental para se antecipar à ocorrência de falhas e paradas imprevistas e indesejáveis.

2.3. Comparação de Custos

A maneira mais lógica de preservar os equipamentos mais tempo em operação de modo seguro com os níveis de desempenho adequados é o seu monitoramento (preditiva).

Entretanto, questionamentos sobre custos são feitos, principalmente pelas gerências que, por vezes, não têm conhecimento do que seja a manutenção preditiva e do que ela realmente pode fazer pela melhoria dos resultados da empresa.

A relação de custos entre os tipos de manutenção está mostrada na tabela abaixo.

Tipo de Manutenção	Relação de custos
Manutenção Corretiva (não planejada ou emergencial)	2 a 6
Manutenção Preventiva	1,5
Manutenção Preditiva + Correção planejada	1,0

Figura 2.11 – Relação de custos entre os tipos de Manutenção

Ou seja, enquanto se gasta 1 unidade monetária utilizando Manutenção Preditiva mais a Correção Planejada indicada por ela, se gasta 1,5 unidades monetárias utilizando a Manutenção Preventiva e de duas a 6 vezes quando se utiliza a Manutenção Emergencial ou Corretiva não Planejada.

Essa informação por si só já permite inferir que, dependendo do percentual de cada tipo de manutenção aplicado, o custo final da Manutenção será mais alto ou mais baixo.

O custo da Manutenção Corretiva não Planejada varia entre duas a 6 vezes quando comparado com o custo da preditiva, pois dependendo da falha (que não é monitorada) a extensão de danos pode ser grave. Por exemplo: Um rolamento de um redutor falhou repentinamente. Acontece que houve travamento do eixo e quebra da carcaça superior.

Nesse caso, o custo do reparo (que é o custo indicado na tabela) será maior do que aquele que seria gasto com a troca do rolamento, apenas.

> Convém frisar que o custo de Manutenção não é o custo maior nos casos de falha.
> O grande custo é o custo da INDISPONIBILIDADE, que leva a perda de produção.

Ter sempre em mente que, na média, o custo da manutenção representa apenas 4,11% do faturamento que, por sua vez, tem uma relação direta com a disponibilidade, desde que tenha mercado.

No exemplo hipotético da falha do redutor mencionado acima, o reparo da carcaça demandará um tempo muito maior do que a simples troca do rolamento. Via de regra não se colocam carcaças de redutores em estoque esperando sua falha. Nesse caso, além do custo do reparo ser mais alto, o custo da indisponibilidade será muito maior.

Para exercer a Manutenção Preditiva será necessário optar por uma das duas:

a. Equipe com pessoal próprio
- Pessoal capacitado (treinado nos equipamentos, instrumentos de medição, análise dos resultados e diagnóstico);
- Equipamentos e instrumentos (analisadores de vibração, termômetros, medidores de espessura, dentre outros);
- Software e computadores para armazenamento das informações colhidas.

b. Contratação dos serviços de preditiva
- Pelo menos um profissional capacitado nas técnicas preditivas que seja capaz de interagir com a(s) empresa(s) contratada e negociar com o PCM e a OPERAÇÃO a liberação dos equipamentos para as correções que se fizerem necessárias (quando for o caso);
- Contratação de empresa(s) qualificada(s) para realizar os serviços de manutenção preditiva dentro das técnicas escolhidas para aplicação.

A escolha da opção a) ou b) dependerá de alguns fatores:

- Quantidade de equipamentos a serem monitorados (*offline*). Uma empresa que tenha poucos equipamentos pode optar por contratar os serviços de preditiva, pois o volume de serviços será pequeno não justificando a criação de uma equipe própria. Por outro lado, uma empresa que tenha muitos equipamentos ou que tenha determinados equipamentos que são a sua razão de ser e garantia do produto que entrega (exemplo – linhas de distribuição e subestações de uma concessionária de energia elétrica), certamente terá uma equipe e os equipamentos necessários para exercer o monitoramento dos ativos;
- A localização geográfica pode ser determinante de escolha de equipe própria ou contratação de serviços. Plantas situadas em locais remotos costumam optar pela criação de equipe própria desde que não conseguem um atendimento rápido principalmente em ocasiões onde se faz necessário um diagnóstico em emergência;
- Quadro ou estrutura da Manutenção inadequado ou muito enxuto que não disponibilize pessoal para medir, analisar, diagnosticar ou até mesmo dialogar com o terceiro. Nesses casos recomenda-se que seja feita uma terceirização global da atividade de preditiva de modo que a atividade seja adotada, implantada ou continuada.

Outro aspecto que pode ser determinante para a escolha da opção equipe própria ou contratação de serviços é o investimento em equipamentos, instrumentos e capacitação de pessoal. Muitas vezes, a miopia gerencial pode julgar que por terem preços relativamente elevados, não se deve implementar as técnicas. Outras vezes para não haver desembolso na compra de equipamentos e instrumentos, a opção é terceirizar.

De modo a permitir uma análise e auxiliar na decisão de qual opção adotar, estão indicados a seguir os custos envolvidos na aquisição de equipamentos/instrumentos de manutenção preditiva e na contratação de determinados tipos de serviços; ver Figura 2.12.

CUSTO DE EQUIPAMENTOS E INSTRUMENTOS	
Equipamento / Instrumento	US$
Coletor / Analisador de vibração	8.000 a 16.000
Software de gerenciamento de vibração	2.000 a 5.000
Equipamento de alinhamento a *laser*	3.000 a 17.000
Termovisor	2.000 a 17.000
Medidor de espessura	500 a 3.000
Termômetros infravermelho	90 a 300
Medidores de ultrassom	1.000 a 20.000
Boroscópios	1.000 a 4.000
Alinhador de polias	800 a 1.800
Instrumentos para óleos lubrificantes	10.000 a 70.000
Instrumentos de ferrografia	20.000 a 70.000
Valores médios válidos para o ano de 2013	

Figura 2.12 – Valores médios para aquisição de instrumentos / equipamentos de manutenção preditiva (2013)

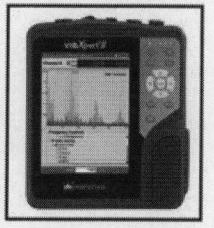

Figura 2.13 – Coletores e analisadores de vibração (da esquerda para a direita – SKF, Ázima DLI e Pruftechnik)

Figura 2.14 – Dispositivo para alinhamento de polias (SKF)

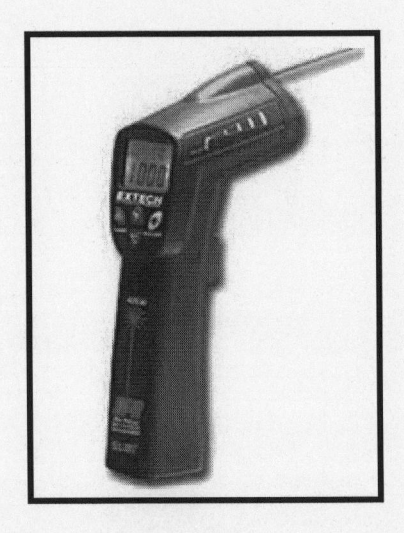

Figura 2.15 – Termômetro infravermelho

Valores praticados na prestação de serviços de Manutenção Preditiva *	
Serviço	US$
Termografia	700,00a 1.000,00 / dia 1 dia = 3 subestações completas
Análise de vibração (medição nas 3 direções)	4,80 por ponto até 250 pontos 4,00 por ponto para mais que 250 pontos 6,40 por ponto para compressores alternativos
Ensaio Ferrográfico completo	50,00 a 100,00
Ensaio físico químico para óleo isolante	20,00 a 40,00
Ensaio físico químico convencional para óleos lubrificantes	15,00 a 30,00
Cromatografia gasosos para óleo isolante	15,00 a 40,00
*Valores aproximados válidos para o ano de 2013	

Figura 2.16 – Preços praticados na prestação de serviços de manutenção preditiva (monitoramento)

2.4 – Preditiva – O Que Seria Ideal e o Que se Pratica

Desde que intuitivamente ou de ouvir falar, já se sabia que a Manutenção Preditiva propicia melhores resultados;

Desde que inúmeros artigos, trabalhos, indicadores também confirmam esses resultados; era de se esperar que o percentual de manutenção preditiva fosse maior do que os outros tipos de manutenção.

No entanto, paradoxalmente, isso não se verifica. Tanto aqui no Brasil como em outros países, entre os quais os ditos do 1º Mundo, o percentual de manutenção preditiva é muito baixo, ainda.

O Documento Nacional da Abraman – A Situação da Manutenção no Brasil, editado a cada 2 anos, indica que desde 1991 o nível de aplicação de hh em Manutenção Preditiva permanece estagnado em torno de 17%; ver figura 2.17. Essa realidade diz respeito a empresas de grande ou médio porte que são aquelas que normalmente respondem ao questionário da Abraman. A realidade nas empresas médias e pequenas é pior, ou seja, a aplicação de técnicas preditivas é em níveis incipientes.

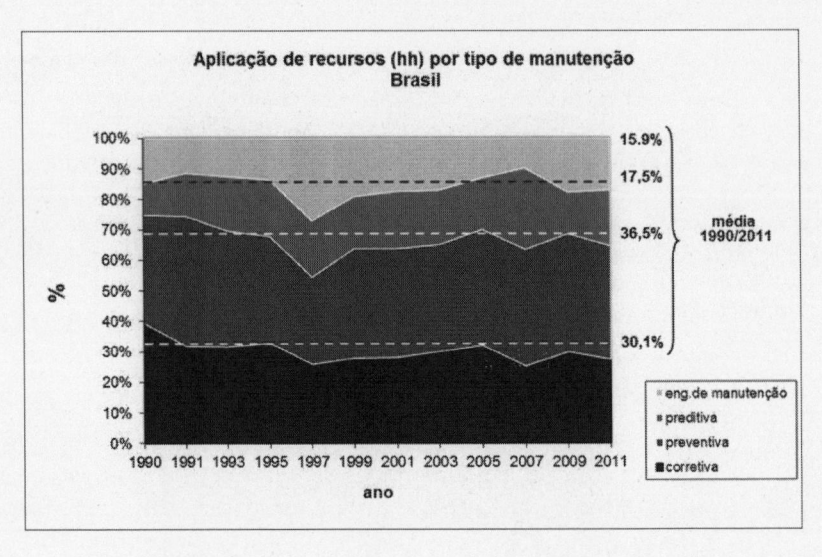

Figura 2.17 – Aplicação de recursos por tipo de manutenção (Abraman 2011)

O gráfico da Figura 2.18 mostra uma comparação entre o percentual médio do que se pratica para os três tipos de manutenção e o que é considerado, atualmente, como a melhor prática. Os valores representam a média de diversas fontes dentre as quais: **Terry Wireman, ERE Release 03 O&M Best Practices, SMRP, DiStefano&Schultz, Emerson**, Universidade do *Tennessee*.

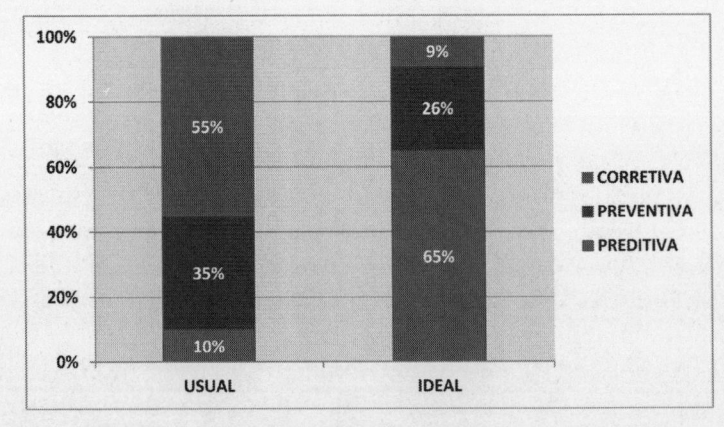

Figura 2.19 – Aplicação dos tipos de manutenção – o que se pratica x o ideal

2.5 - Conclusões

De um modo geral a implantação de programas de manutenção preditiva promove uma melhoria substancial nos resultados.

Estima-se que a substituição de manutenção preventiva por manutenção preditiva pode, se bem aplicado, proporcionar uma redução nos custos entre 8 e 12% do custo de manutenção. Em algumas instalações onde há predominância de manutenção corretiva não planejada, a redução de custos pode chegar a 30%. [30]

Diversas fontes afirmam que a adoção de manutenção preditiva promove as seguintes melhorias: [30, 32]

- Retorno sobre o investimento: 10 vezes;
- Redução dos custos de manutenção: 25% a 30%;
- Redução do tempo de reparo: 45% a 60%;
- Aumento da produção: 20% a 25%;
- Redução em falhas não previstas ou catastróficas entre – 70 a 75% ;
- Redução no custo de sobressalentes – até 30%.

Capítulo 3
Principais Técnicas Preditivas

3.1. Introdução

Atualmente estão disponíveis diversas técnicas preditivas que permitem fazer o monitoramento dos equipamentos e sistemas garantindo que a intervenção, quando necessária, seja feita com base no estado do equipamento. A avaliação do estado do equipamento se dá através de medição, acompanhamento ou monitoramento de parâmetros.

O monitoramento dos equipamentos pode ser classificado em:

- Monitoramento subjetivo;
- Monitoramento objetivo:
1. Monitoramento objetivo *offline;*
2. Monitoramento objetivo *online;*

O **monitoramento subjetivo** é aquele feito através dos sentidos, mais particularmente da visão, do tato, do olfato e da audição.

O **monitoramento objetivo** é aquele feito com ajuda de aparelhos ou instrumentos os quais indicam uma variável ou parâmetro que é acompanhado.

O monitoramento subjetivo é importante, mas pode apresentar variações em função:

1. Da experiência (convívio) do inspetor em relação aos equipamentos analisados;
2. Da diferença de sensibilidade entre uma e outra pessoa. Assim, a temperatura de uma caixa de mancal sentido pelo tato da mão pode indicar temperaturas diferentes de uma pessoa para outra;
3. Do nível de ansiedade em relação a um problema aparente. Exemplificando: Um operador pode se assustar muito mais em relação a um vazamento do que um mecânico experiente ou vice versa.

O monitoramento objetivo elimina o grau de incerteza na medição. Mas ainda pode ocorrer um grau de incerteza no diagnóstico. O diagnóstico, etapa fundamental no processo decisório, depende de vários fatores:

1. Qualidade e precisão da medição;
2. Acompanhamento da tendência;
3. Conhecimento de quem está analisando os dados;
4. Ambiência favorável ou não na empresa;
5. Confiança da média gerência no diagnóstico de seus técnicos.

São cada vez mais comuns softwares *experts* que encaminham, a partir das medições, o diagnóstico. São ferramentas de grande ajuda para o correto diagnóstico e tomada de decisão.

O **monitoramento objetivo** *offline* é aquele que é feito em intervalos regulares através da coleta de dados em equipamentos. Esse monitoramento deve obedecer ao um plano de manutenção preditiva previamente estabelecido e a leitura dos dados é feita segundo rotas preestabelecidas.

Desse modo, a medição de vibração de equipamentos rotativos utilizando vibrometros ou coletores de dados, com uma periodicidade quinzenal (por exemplo) é um tipo de monitoramento offline.

O **monitoramento objetivo** *online* ou **monitoramento contínuo** é aquele que, através de sensores e indicadores informa, continuamente, os parâmetros do equipamento alvo desse acompanhamento.

Esse tipo de solução foi inicialmente adotado em situações onde o tempo de desenvolvimento do defeito era muito curto e/ou em equipamentos de alta responsabilidade, pois no passado o custo era muito alto.

Os equipamentos que possuem monitoramento contínuo têm, normalmente, opção de alarme e *trip* (desligamento) uma vez alcançados valores preestabelecidos que coloquem em risco a integridade do mesmo.

Com o desenvolvimento nas áreas da eletrônica e da tecnologia de informação, vem ocorrendo uma oferta cada vez maior de sistemas de monitoramento para diversos equipamentos e os preços se tornaram mais acessíveis. Além disso, sistemas de monitoramento para máquinas de médio porte foram desenvolvidos permitindo que uma maior gama de equipamentos, e não somente aqueles considerados caros e críticos, recebessem o monitoramento *online*.

3.2. Técnicas Preditivas

Das diversas técnicas preditivas atualmente disponíveis, algumas têm aplicação mais ampla e por isso serão tratadas nos itens a seguir.

A utilização de mais de uma técnica preditiva vem se mostrando uma ferramenta de capital importância para o diagnóstico. Analogamente aos recursos técnicos de que dispõem os médicos, as técnicas preditivas permitem ao pessoal de manutenção cada vez maior precisão no diagnóstico.

Dentre as variáveis a serem acompanhadas, destacam-se o monitoramento de:

- Vibração;
- Temperatura;
- Óleo lubrificante;
- Óleo isolante;
- Som / Ruído;
- Espessura de parede.

3.2.1. Vibração

O monitoramento de vibração é uma das técnicas preditivas mais antigas e de maior utilização. A grande ênfase de monitoramento da vibração se concentra nas máquinas rotativas dentre as quais estão motores elétricos, bombas centrífugas, compressores, redutores, ventiladores e outros.

A vibração está presente em qualquer sistema à medida que esta responde a uma excitação. Isso é válido para um eixo de compressor centrífugo, para a asa de um avião em voo, para as molas de um vagão de trem, ou ainda para uma estrutura sujeita à ação do vento.

Vibração ou oscilação é qualquer movimento que se repete depois de certo intervalo de tempo. A vibração, portanto, é o estudo do movimento de oscilação de um corpo em torno de uma posição de equilíbrio. Assim, o pendulo em movimento oscilatório é um exemplo clássico de vibração e todas as equações dele obtidas são válidas para a análise das vibrações em máquinas.

Os parâmetros de vibração relacionados com máquinas rotativas são usualmente expressos em termos de **deslocamento, velocidade e aceleração**.

Todas as três representam "**o quanto**" o equipamento está vibrando.

A **frequência** é a outra variável de importância na análise de vibração, que ajuda a identificar a sua origem, ou seja, "o que" está causando a vibração.

Finalmente, a **fase** indica "onde o ponto pesado se encontra em relação ao sensor de vibração".

A Figura 3.1 mostra a representação, do movimento harmônico ou de vibração, que representa as três variáveis – deslocamento, velocidade e aceleração em relação ao tempo.

A velocidade e a aceleração do movimento oscilatório ou de vibração, são obtidas derivando-se o deslocamento e velocidade em relação ao tempo, respectivamente.

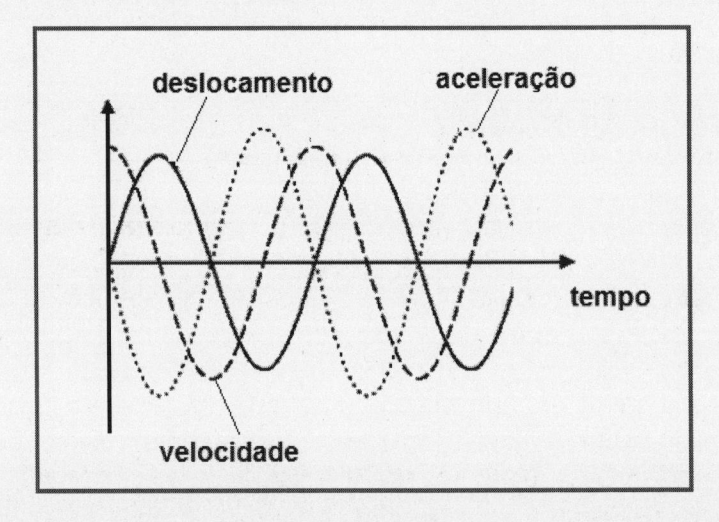

Figura 3.1 – Representação do deslocamento, velocidade e aceleração em relação ao tempo.

A frequência fundamental é a frequência primária ou a frequência de rotação da máquina. Por exemplo: Um motor de quatro polos gira a 1800 rpm. A frequência fundamental é 1800 rpm.

Tomando esse exemplo podemos indicar que a frequência fundamental é referida como

1x RPM. No motor do exemplo temos que a frequência em Hz será 1 x 1800/60= 30 Hz.

Como existem diversas frequências além da frequência fundamental, no espectro de vibração temos o que se denomina harmônicos. Assim, harmônicos são múltiplos da frequência fundamental. Isso é importante, pois a análise indicará que tipo de defeito ocorre na máquina rotativa. A Figura 3.2 mostra um espectro de vibração (gráfico deslocamento x frequência) onde são mostrados diversos harmônicos, isto é, múltiplos da frequência fundamental do equipamento.

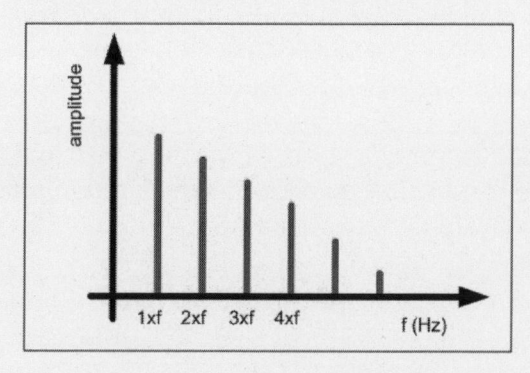

Figura 3.2 – Espectro de Vibração

A Figura 3.3 mostra um espectro de vibração para um trem motor elétrico, multiplicador , compressor centrífugo. Pelo espectro de vibração, verifica-se a amplitude para cada mancal das máquinas.

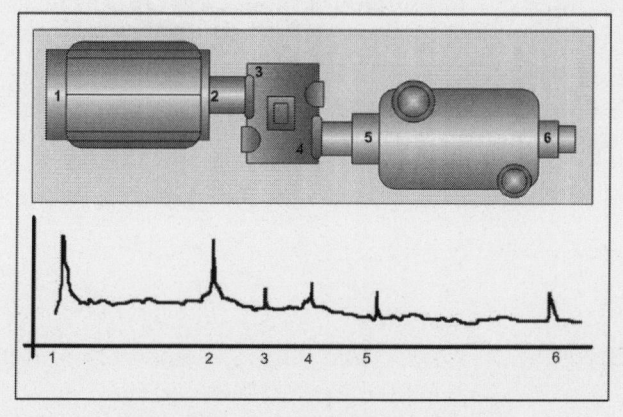

Figura 3.3 – Espectro de vibração

A Manutenção Preditiva utiliza a "assinatura" ou o espectro de vibrações, que contem os valores de deslocamento (quanto de vibração) em relação às diversas frequências. Desse modo, a análise indicará o(s) tipo de fenômeno(s) que está(ão) presente(s) – desalinhamento, desbalanceamento, defeitos em rolamentos e mancais, falhas em engrenagens, dentre outros.

3.2.1.1. Transdutores

Os tipos de transdutores mais comumente utilizados para a medição de vibração são os Sensores Eletromagnéticos e Capacitivos e os Acelerômetros.

Os **sensores eletromagnéticos e capacitivos** são considerados sensores de proximidade ou probes sendo normalmente instalados, internamente às máquinas, para detectar o movimento do eixo em relação ao mancal.

Não há contato entre o eixo e o *probe* e este, por sua vez, mede a distância (traduzida pela capacitância) do eixo ao *probe*. O *probe* de deslocamento sem contato é o sensor de maior aceitação para monitoração contínua de máquinas rotativas.

O probe é excitado por uma frequência de 1,5 MHz gerada pelo oscilador demodulador (proximitor) e transmitida através do cabo de extensão (ver Figura 3.4). Esta excitação produz um campo magnético, que se irradia da ponta do probe. Quando a ponta do probe fica próxima a uma superfície condutora, correntes parasitas são induzidas na superfície do material, extraindo energia da excitação do probe e reduzindo sua amplitude. Como a distância entre a ponta do probe e o material condutor, normalmente o eixo da máquina, é variada, uma tensão CC (corrente contínua) correspondente é gerada na saída do proximitor, que irá variar proporcionalmente à variação da distância entre a ponta do probe e o eixo.

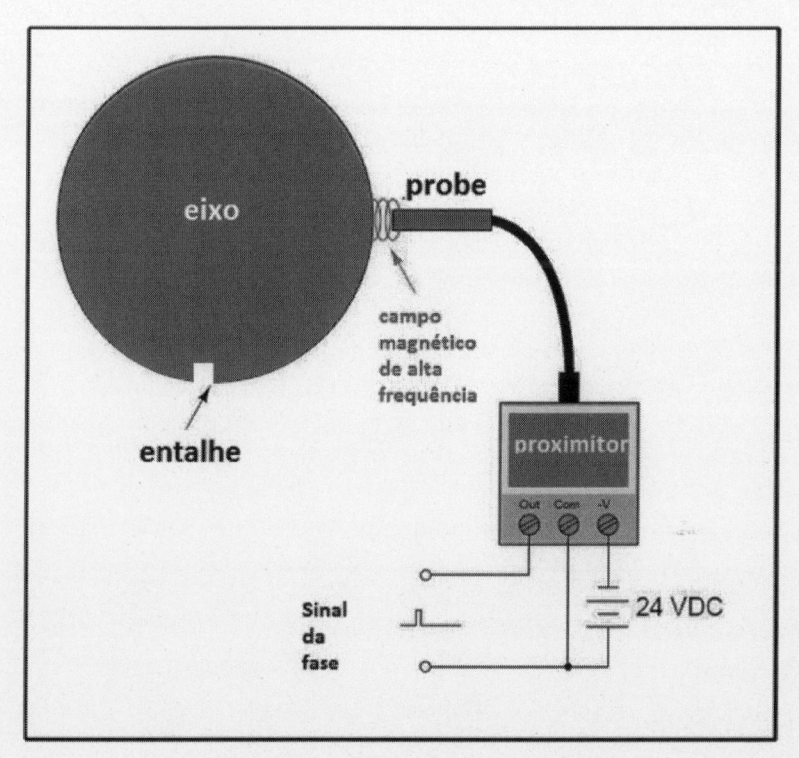

Figura 3.4 – Probe, Proximitor e Cabo de Extensão (Cortesia Bently Nevada).

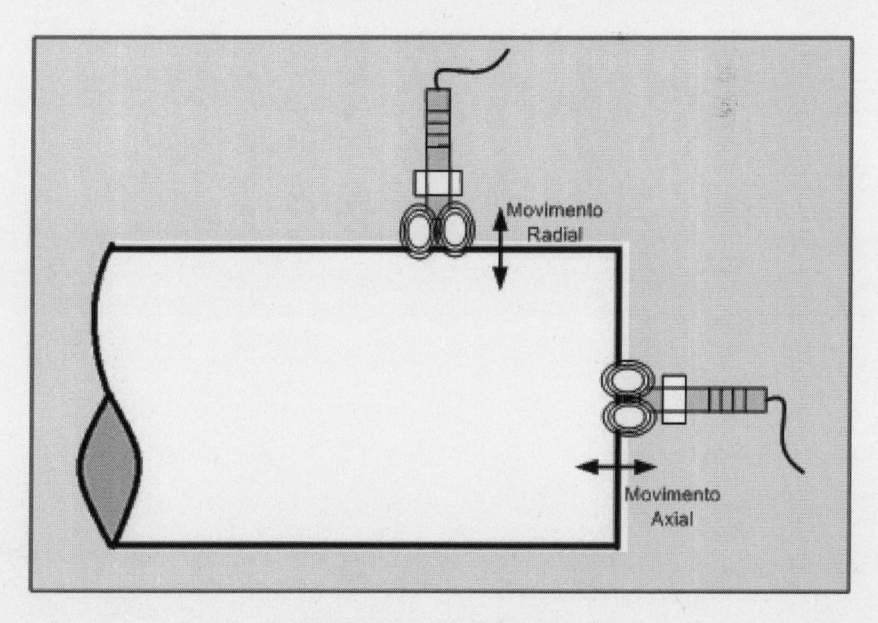

Figura 3.5 – Probe – Eixo

Os **acelerômetros** são os transdutores mais utilizados atualmente para medição de vibração.

O tipo mais encontrado é o piezoelétrico, constituído por um ou mais cristais piezoelétricos, pré-tensionados por uma massa e montados em uma carcaça.

Os cristais piezo-elétricos são feitos pelo homem ou ocorrem naturalmente na natureza . quando comprimidos ou sujeitos a uma força de cizalhamento produzem um sinal elétrico.

No acelerômetro piezo-elétrico uma massa é ligada a um cristal piezo elétrico o qual, por sua vez está montado na carcaça do acelerômetro. Quando o corpo do acelerômetro é sujeito a uma

vibração, a massa montada no cristal exerce uma força sobre esse o que faz gerar uma tensão.

As figuras a seguir mostram alguns tipos de acelerômetros. [22]

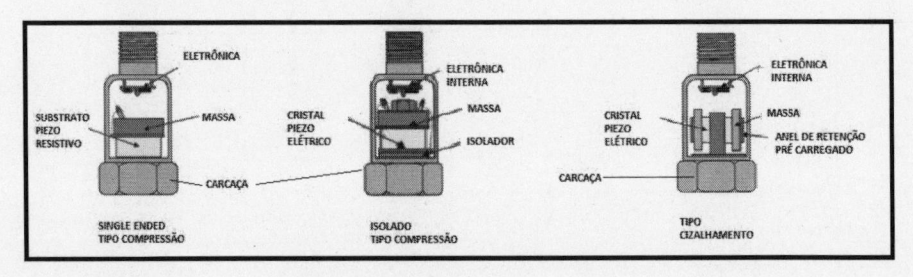

Figura 3.6 – Acelerômetros.

Figura 3.7 – Acelerômetros (Cortesia CTC).

O API 670 *Machinery Protection Systems* (Sistemas de Proteção de Máquinas) define a nomenclatura e dá as indicações de usos dos sensores, conforme mostrado na Figura 3.8.

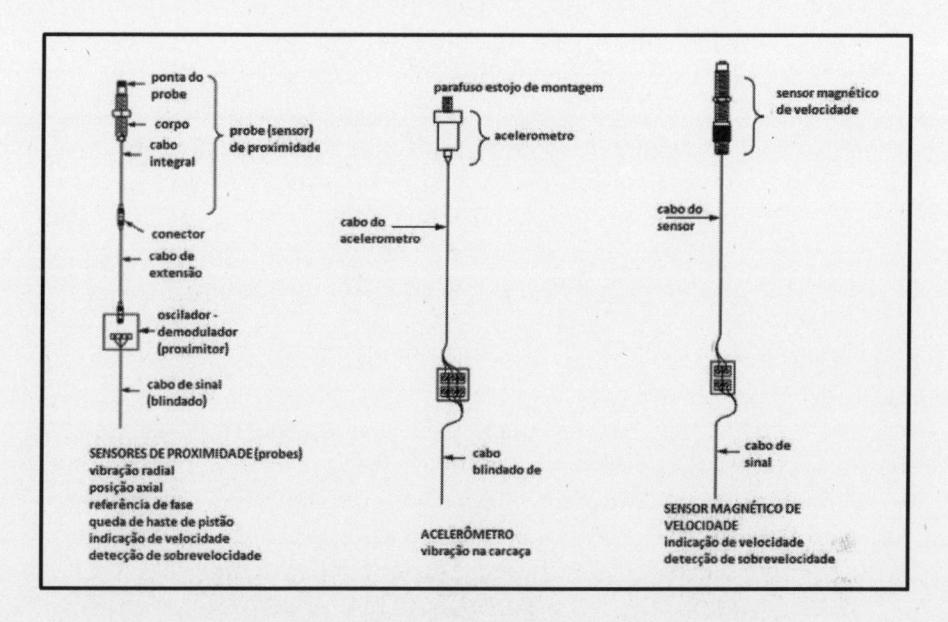

Figura 3.8 – Sensores – nomenclatura e usos (API 670)

3.2.1.2. Medição da Vibração

Algumas considerações básicas devem estar presentes no momento em que se decide fazer a medição de vibração em uma máquina ou numa estrutura.

Cada equipamento ou estrutura tem suas particularidades que devem ser levadas em consideração de modo que as medições sejam adequadas para fornecer resultados confiáveis.

O tipo de máquina e/ou como é sua construção particular são muito importantes para a definição de como medir.

- Máquinas rotativas com conjunto rotativo leve e carcaças robustas e pesadas têm a maioria das forças geradas pelo rotor, como o movimento relativo entre o eixo e o mancal. Em outras palavras, a carcaça da máquina funciona como um grande amortecimento, e desse modo a medição de vibração na carcaça não é adequada. Deve-se fazer medição, diretamente no eixo, com probes sem contato;

Este é o caso típico de compressores centrífugos de alta pressão, onde a relação de pesos entre a carcaça e o rotor é de 30:1 ou maior.

- De modo oposto, se a máquina tem conjunto rotativo pesado, apoiado em mancais rígidos suportados em estrutura flexível, as forças geradas pelo rotor são dissipadas através da estrutura flexível, e desse modo a melhor maneira de medir é na carcaça. A máquina que melhor representa esse tipo são os ventiladores industriais, que têm uma carcaça e estrutura bastante leves, até porque as pressões desenvolvidas são extremamente baixas, e um conjunto rotativo bastante pesado.

Outro aspecto é a faixa de frequência de interesse, pois é sobre ela que serão feitas as medições. Ou seja, as medições de vibração serão feitas dentro de uma faixa de frequência de modo que se possa analisar as contribuições de cada valor típico de frequência para a vibração final. Isso nada mais é do que definir o "espectro" de vibrações, mostrado nas Figuras 3.2 e 3.3, que é a "assinatura" de valores de velocidade ou deslocamento para as diversas frequências, num dado momento.

Os valores de faixa de frequência, para os diversos tipos de sensores, estão mostrados a seguir:

Probe de deslocamento sem contato	limite superior 2.000 Hz
Pick-up de velocidade	10 Hz a 1.500 Hz
Acelerômetros	abaixo de 1 hz até 50 kHz

Medição de Vibração no Eixo

A Figura 3.9 mostra o diagrama de um sistema de medição de vibração no eixo com probes de vibração VE (horizontal e vertical), probes para deslocamento axial ZE e probe para medição da fase (key phasor) SE. No quadro da linha pontilhada estão os "proximitors" (osciladores demoduladores) correspondentes a cada probe.

O sinal recebido no painel é mostrado nos indicadores (Figura 3.10) e ainda podem ser coletados do painel para analisadores, osciloscópios e outros instrumentos de modo a permitir análise mais detalhada.

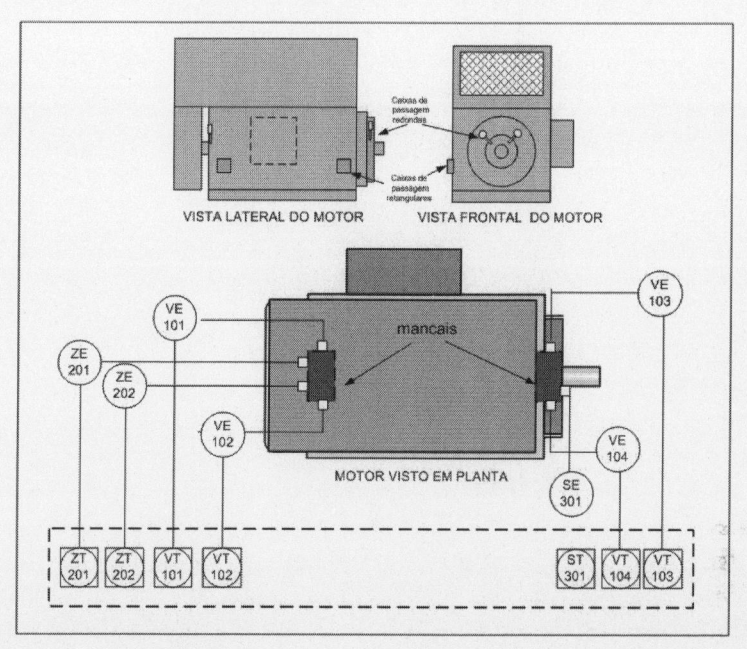

Figura 3.9 – Esquema do sistema de monitoramento de um motor elétrico

No equipamento são instaladas caixas de passagem redondas, com tampa roscada, que alojam o porta-probe, o cabo do probe e a conexão entre o cabo do probe e o cabo de extensão.

Caixas de passagem retangulares, afixadas à carcaça, contêm os proximitors e a conexão dos RTDs, respectivamente.

Os fabricantes tradicionais fornecem sistemas que além de vibração recebem e tratam outras variáveis, como variáveis de processo.

Figura 3.10 – Painel GE-Bently Nevada 3500 Encore.

Medição de Vibração na Carcaça

A medição de vibração na carcaça é muito utilizada no monitoramento *offline* a partir de um programa preestabelecido para acompanhamento de máquinas rotativas. Independentemente de o sensor estar conectado a um vibrômetro, a um analisador ou a um coletor de dados, é importante observar o seguinte:

a) As medições efetuadas na carcaça devem, sempre, ser feitas sobre um mesmo ponto, de modo que haja compatibilidade entre os dados colhidos. A colocação do sensor em locais diferentes pode mascarar os resultados e levar a erros no diagnóstico;

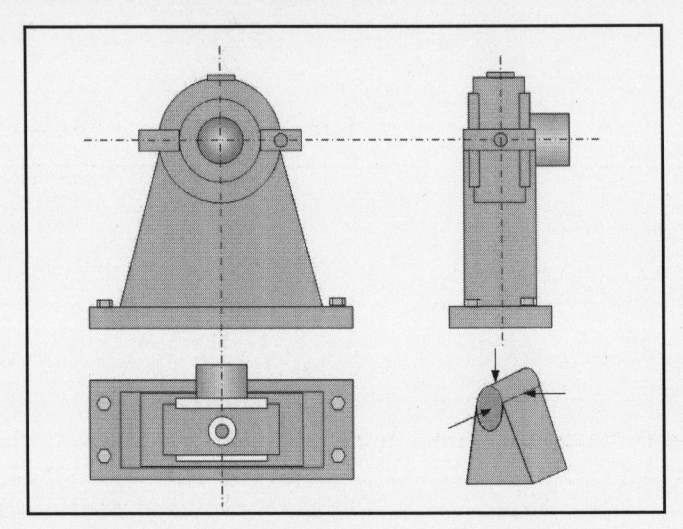

Figura 3.11 – Medição de vibração na carcaça

b) Os pontos recomendados para verificação da vibração são as caixas de mancais ou locais mais próximos possíveis desses. Escolher locais rígidos, de modo que a medição não seja influenciada pela vibração do elemento onde está se apoiando o sensor. Evite tampas com pequena espessura, parafusos e porcas;

c) Quando colhida manualmente, o sensor deve ser encostado e pressionado contra a parte da máquina para captar o sinal corretamente;

d) No caso de medição mais apurada onde seja necessária a fixação de *pick-up* (elemento sensor),observar o seguinte:

- Os sensores devem ser afixados através de parafuso-estojo roscado na carcaça, ou por intermédio de base magnética;

- Os acelerômetros devem ser fixados em furos roscados de acordo com a recomendação do fabricante ou conforme API 670. Em geral, esses furos roscados são solicitados quando da compra de novos equipamentos ou executados pela Manutenção nos equipamentos existentes.

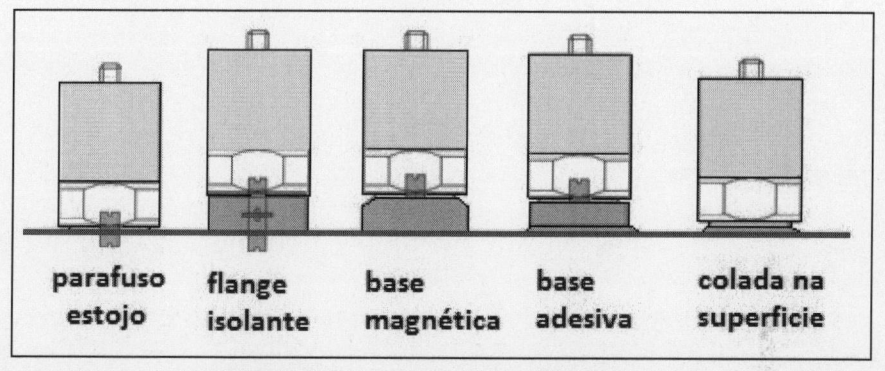

Figura 3.12 – Fixação de acelerômetros

3.2.1.3. Instrumentação/Equipamentos para Medição e Análise da Vibração

VIBRÔMETROS são os instrumentos mais simples para medição de vibração.

O vibrômetro típico tem sensor, que pode ser um *pick-up* de velocidade ou um acelerômetro e um indicador onde é feita a leitura. É capaz de medir amplitude de deslocamento e velocidade em várias faixas, ajustáveis por meio de um seletor. Ver Figura 3.13.

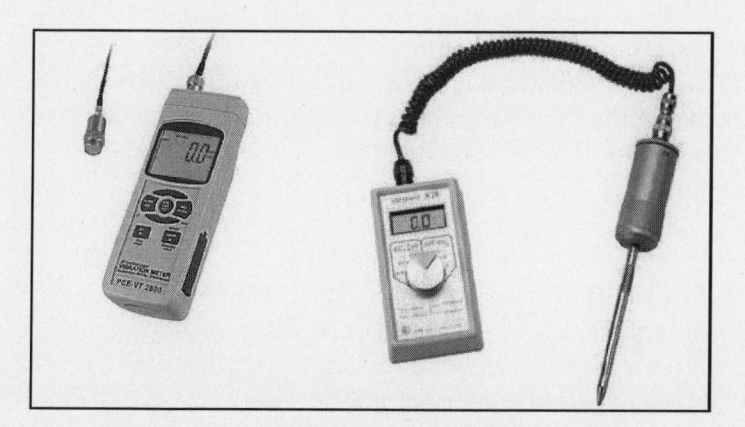

Figura 3.13 – Vibrômetros (Cortesia PCE e CEMB).

Um tipo de vibrômetro portátil e de uso por operadores é a caneta SKF que possui como sensor um acelerômetro piezoelétrico (tipo compressão) com integrador, sendo o sinal de entrada processado para produzir duas medições diferentes.[25]

O mesmo fabricante tem outro aparelho semelhante que denomina *Machine Condition Advisor* (Figura 3.14 b) que mede sinais de vibração entre dez e 1000 Hz e temperaturas entre -20 e 200ºC, indicando os valores em unidades métricas ou inglesas em um visor de *LCD*.
O valor medido é comparado pelo aparelho com o padrão ISO (velocidade de vibração) e, no caso de valor medido ser maior do que o aceitável, uma indicação de ALERTA ou PERIGO aparece no visor. Simultaneamente, o sensor infravermelho mede a temperatura do mancal que pode indicar problema de lubrificação.

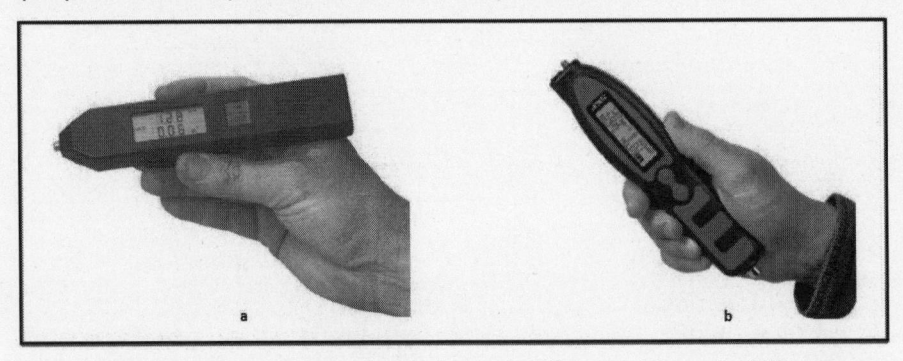

Figura 3.14 – Canetas de Medição de Vibração (Cortesia SKF).

ANALISADORES DE VIBRAÇÃO são instrumentos que possibilitam uma varredura do sinal de vibração permitindo que seja encontrada a origem ou causa da vibração.

Os analisadores possuem filtros que têm a propriedade de limitar um sinal de vibração, permitindo a passagem de uma faixa determinada de frequência ou mesmo uma única frequência, para facilitar a análise.

Os analisadores atuais são também coletores de dados. Além da medição e análise de vibração, permitem, adicionalmente, o monitoramento de outras variáveis através do acoplamento de sensores adequados. Atualmente, existem vários tipos de coletores, mas todos fazem interface com computador, via cabo ou via *modem*, permitindo a utilização de *softwares* avançados de análise e diagnóstico. Tais programas, conhecidos por programas *experts*, auxiliam o especialista na formulação do diagnóstico.

Os coletores analisadores apresentam, atualmente, algumas características comuns:

- São portáteis e cada vez mais leves;
- Possuem tela de cristal líquido colorida;
- A capacidade de armazenamento tem aumentado seguidamente;
- Possuem, no mínimo, dois canais para aquisição simultânea de dados;
- Trabalham com *softwares experts* fazendo interface com computadores.

Esses instrumentos permitem as seguintes entradas:

- Aceleração, Velocidade e Deslocamento de computadores de mão (*PDA- personal digital assistant e tablets*) ou sistemas de monitoração;
- Sensores AC/DC (corrente alternada / corrente contínua);
- Sensores de pressão;
- Sensores de temperatura;
- Teclado;
- Tacômetro.

A capacidade como analisador incorpora:

- Análise dinâmica – espectro, forma de onda, nível global, 1/3 Oitava, Fase, *Bode-Nyquist*;[1]
- Frequência – Hz, CPM, Ordens;
- FFT – Transformada Rápida de Fourrier;[2]
- Modo de coleta de dados em rota, fora de rota ou como analisador;
- Inclui programas residentes de balanceamento, filtro, análise cíclica, corrente de motor, *bump test*, dentre outros.[3]

---

[1] *Ferramentas para análise de vibração. Para detalhes, ver publicações técnicas específicas.*

[2] *Os analisadores de vibração já utilizam, há algum tempo, a Transformada Rápida de Fourier (Fast Fourier Transform). Uma FFT é uma transformação de dados do domínio do tempo (amplitude em função do tempo) em dados de domínio de frequência (amplitude em função da frequência), feita por um computador (microprocessador). Podemos, nesse domínio, verificar qual espectro de frequência é mais relevante no espectro global de vibração. Para detalhes, ver publicações técnicas específicas.*

[3] *Bump test é a medida de resposta, de um objeto, ao impacto. Essa medida tem como finalidade excitar e medir a frequência do objeto para, dentre outras, verificar sua frequência de ressonância. Para detalhes, ver publicações técnicas específicas.*

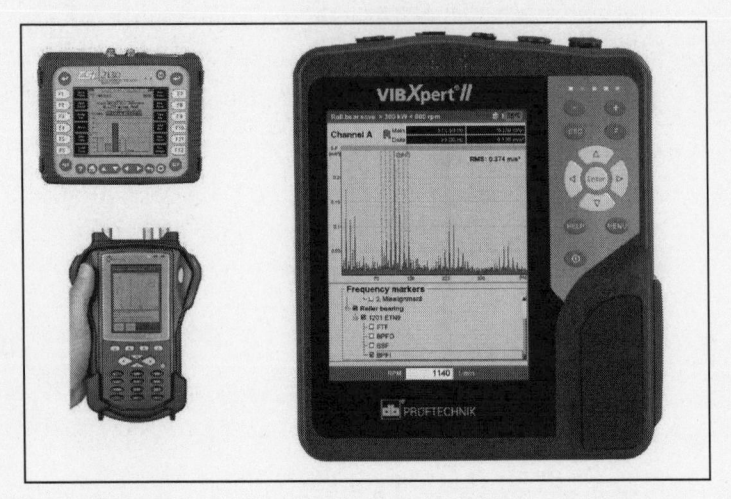

Figura 3.15 – Analisadores de vibração (Cortesia Pruftechnik, CSI Emerson e IRD)

Sistemas de monitoramento (*online*) fazem o monitoramento constante em tempo real das máquinas e atualmente se apresentam com diversas opções de aplicações.

A Figura 3.16 mostra algumas opções disponíveis para sistemas de monitoramento:

- Monitoramento *online* dentro da planta com transmissão de dados por cabos;
- Monitoramento *online,* dentro da planta, com transmissão *wireless*. Esse tipo de solução é empregada em máquinas móveis como caminhões e máquinas de mineração;
- Monitoramento através de satélite nos quais os dados em um local qualquer do mundo pode ser transmitido para uma central onde é feita a análise dos dados. Esse tipo de solução ocorre em navios, hidrelétricas e outros tipos de usuários.

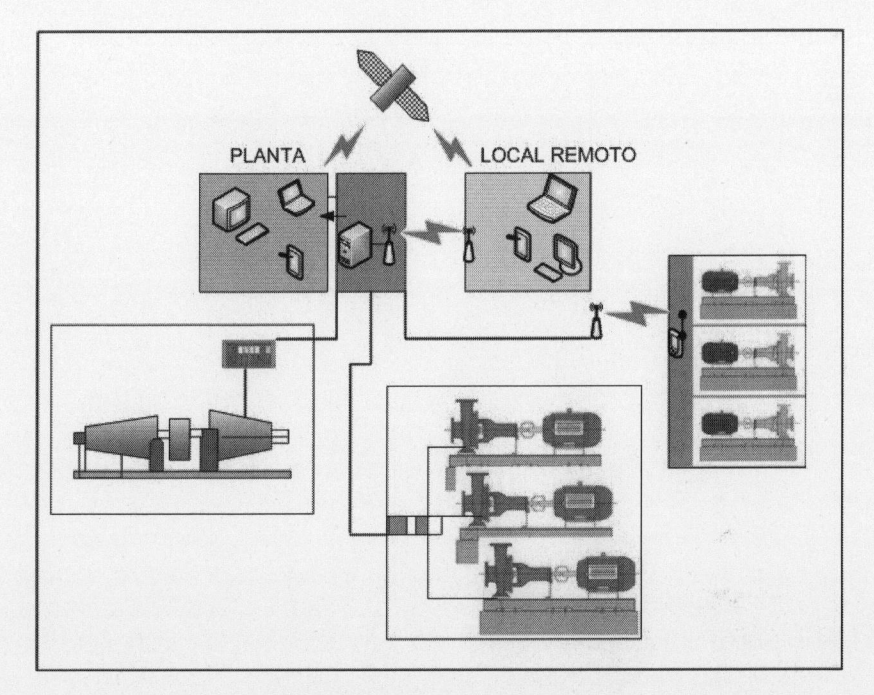

Figura 3.16 – Sistema de Monitoração de Máquinas Rotativas
(Adaptado de Bruel & Kjaer).

Por causa dos altos custos envolvidos, os sistemas de monitoramento eram reservados para máquinas críticas ou de grande importância para o processo, segurança e/ou meio ambiente. A filosofia e a arquitetura dos sistemas de monitoramento tornavam o custo final muito alto, o que desestimulava a monitoração de máquinas de uso geral, isto é, bombas, motores e turbinas, por exemplo.

Em função das necessidades do mercado, que mostravam ser preciso fazer uma monitoração mais ampla, os fabricantes começaram a fornecer sistemas mais simplificados e mais adequados à monitoração desses tipos de máquina. Esses sistemas são conhecidos como sistemas de monitoração de máquinas menos críticas ou máquinas de uso geral.

As mudanças que permitiram reduzir o custo, significativamente, foram:

- Redução nos custos de transdutores pela utilização de novas tecnologias de fabricação que implicaram também em aumento da sensitividade e redução de tamanho;
- Utilização de um único cabo para várias máquinas que permite leituras periódicas, em intervalos de tempo muito cur-

tos, ao invés de contínuas. No caso de máquinas críticas cada transdutor requer um cabo dedicado para que a monitoração seja, de fato, contínua. Essa modificação permite que o cabo transporte sinal de até 255 transdutores;
- Simplificação na arquitetura do sistema, o que permite a utilização de materiais mais baratos para construção e interligação dos diversos pontos de medição, cartão e computador;
- Utilização de computador interligado ao computador da planta ou SDCD (Sistema Digital de Controle Distribuído), o que propicia uma substancial economia pela não utilização de painéis de monitoração;

Alguns exemplos desse tipo de sistema, que podem ser a cabo ou wireless, são:,

- Emerson CSI 9210 que se interliga ao sistema de dados da planta;
- GE Bently Nevada Sistema One (Sistema 1) que pode trabalhar com um sistema wireless denominado Insight Mesh Network.

Uma opção interessante do ponto de vista global, é o sistema que monitora outras variáveis dentre as quais variáveis de processo, como mostrado na Figura 3.17.

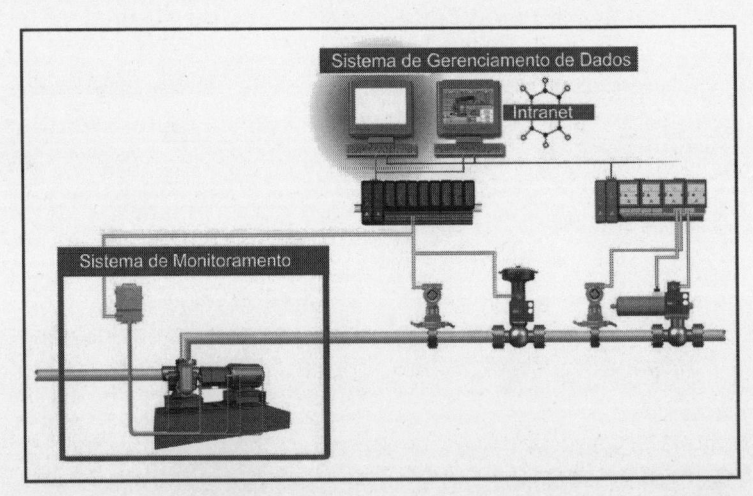

Figura 3.17 – Sistema CSI de Monitoramento de Planta Industrial

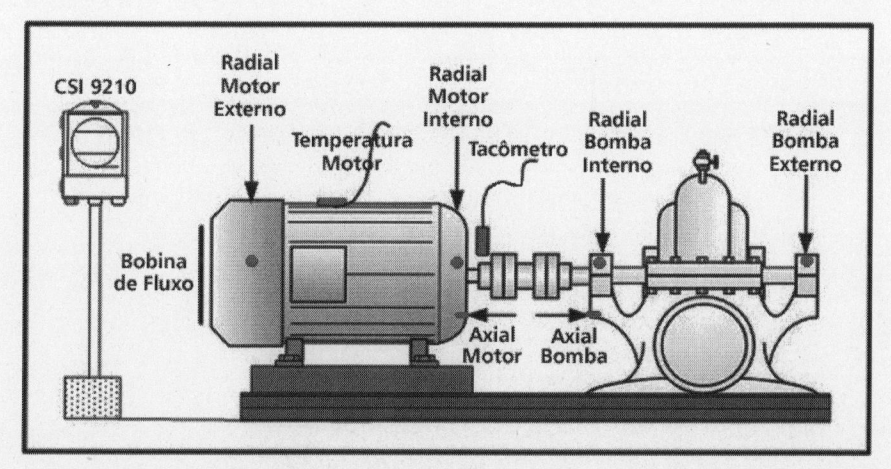

Figura 3.18 – Sistema de Monitoração de Máquinas de Uso Geral CSI 9210.

O sistema mostrado na Figura 3.18 é um dispositivo de campo inteligente que pode medir aspectos de conjunto motor-bomba (por exemplo) e converter os dados medidos em resultados analíticos. Esses resultados são enviados ou comunicados ao sistema de automação de processo da planta via protocolo *fieldbus,* que é um protocolo de comunicação utilizado nas indústrias. Isso proporciona acesso em tempo real necessário para o acompanhamento da condição das máquinas.

3.2.2. Temperatura

A temperatura é um dos parâmetros de mais fácil compreensão e o acompanhamento da sua variação permite constatar alteração na condição de equipamentos, de componentes e do próprio processo.

Alguns exemplos clássicos onde o acompanhamento de temperatura é primordial estão listados abaixo:

- **Temperatura de mancais em máquinas rotativas.**
A elevação de temperatura nos mancais pode ser resultado de desgaste ou problemas relacionados com a lubrificação.
- **Temperatura da superfície de equipamentos estacionários;**
- A elevação de temperatura pode indicar danos no isolamento, como queda de refratário.
- *Temperatura em barramentos e equipamentos elétricos.*

A elevação da temperatura normalmente está associada ao mau contato.

O acompanhamento de temperatura em equipamentos elétricos é um método preditivo que permite localizar e acompanhar defeitos incipientes.

A medição de temperatura pode ser feita através de: (3)

- Termômetros de efeito mecânico;
- Termômetros de efeito elétrico;
- Medidores por radiação.

Os termômetros de efeito mecânico podem ser:
- Termômetro por expansão de líquido;

Figura 3.19

- Termômetros bi-metálicos;

Dois materiais de dilatação linear diferentes são unidos e quando submetidos a uma determinada temperatura a junta se curvará no sentido da indicação da temperatura.

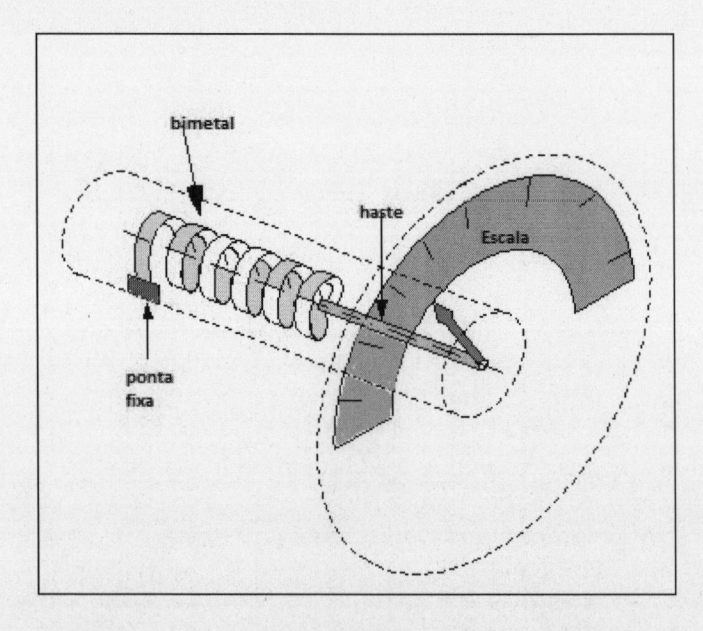

Figura 3.20 – Princípio do bimetal nos termômetros

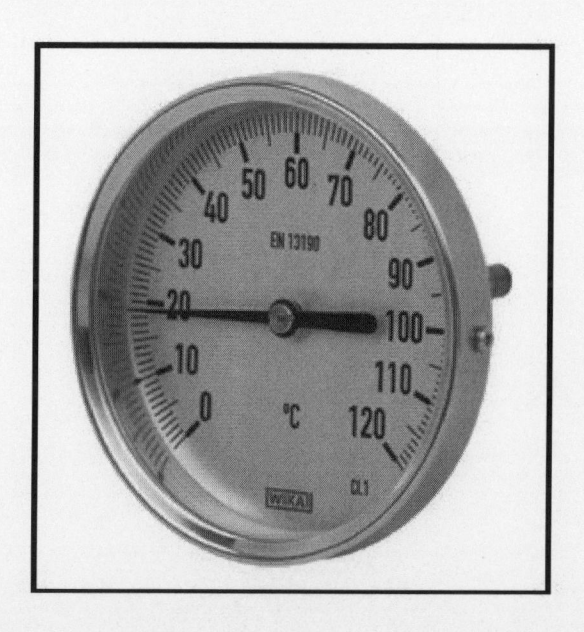

Figura 3.21 – Termômetro bimetálico industrial (cortesia Wika)

- Termômetros por efeito elétrico;

Nesse grupo estão os termômetros por resistência que utilizam condutores ou semicondutores como materiais. Os que utilizam condutores são chamados de resistência ou termo resistência e aqueles que utilizam semicondutores são denominados termistores.

Os termopares, de larga utilização nas indústrias, são constituídos por dois fios dissimilares unidos em uma das extremidades.

A Figura 3.22 mostra o desenho esquemático de um termômetro com termopar e a Figura 3.23 um termopar industrial.

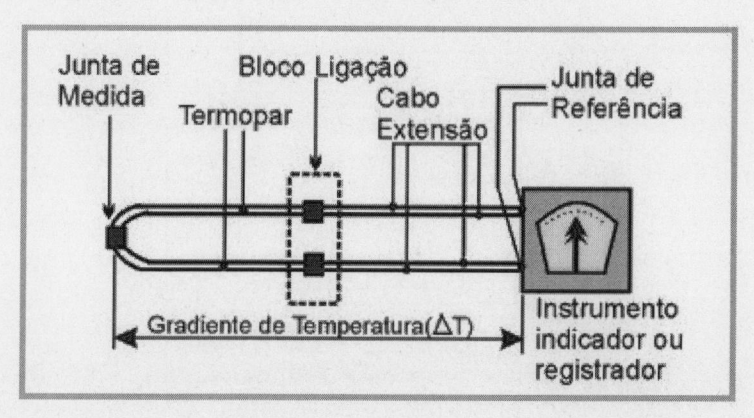

Figura 3.22 – Esquema de um termômetro com termopar

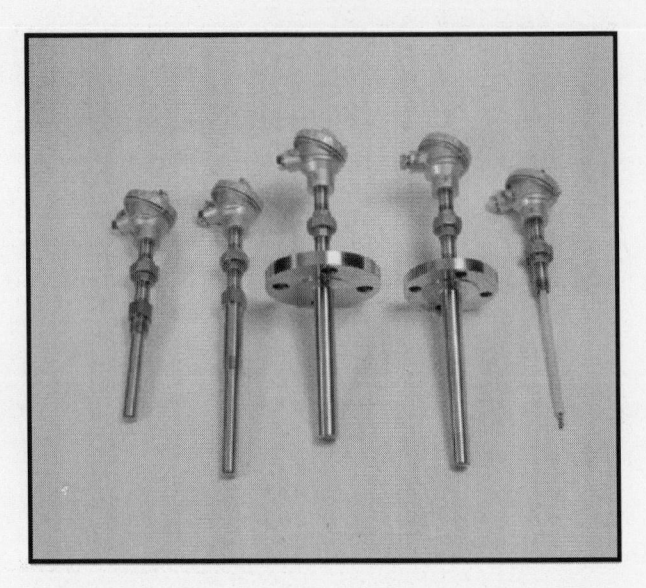

Figura 3.23 – Termopares industriais (cortesia ECIL)

O API 670 indica a nomenclatura e usos para os termopares e para os RTD *(Resistance Temperature Detectors)*, conforme indicado na Figura 3.24.

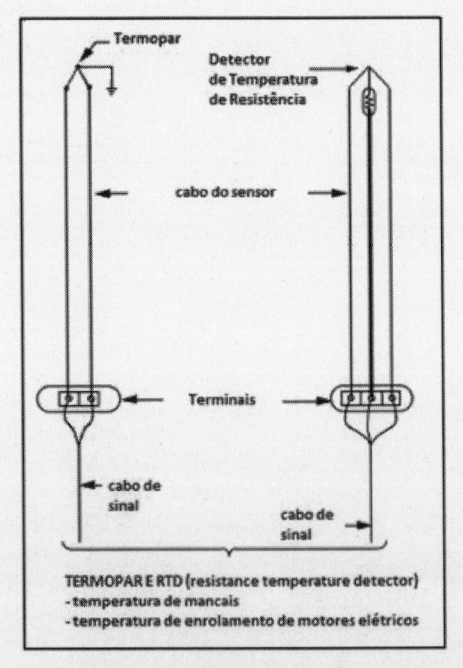

Figura 3.24 – Termopar e RTD (API 670)

As Figuras 3.26 e 3.27 mostram as recomendações do API 670 para instalação de RTD em mancais de deslizamento (radial e de escora – respectivamente) tipo pastilhas pivoteantes (tilting pad - radial / Mitchell ou Kingsbury – escora). Observar que a localização do RTD está definida tanto para mancais com relação comprimento-diâmetro (L/D) ≤0,5 como >0,5.

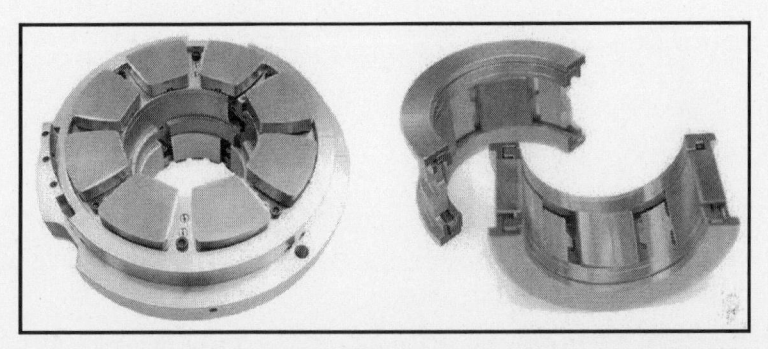

Figura 3.25 – Mancais de pastilhas pivoteantes (escora e radial) (Zollern)

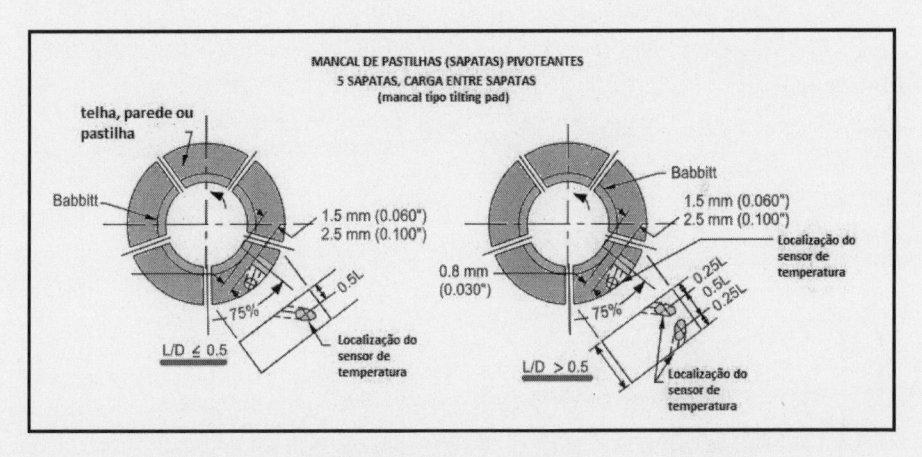

Figura 3.26 – Recomendação API 670 para instalação de sensor de temperatura no mancal radial de pastilhas pivoteantes (*tilting pad*)

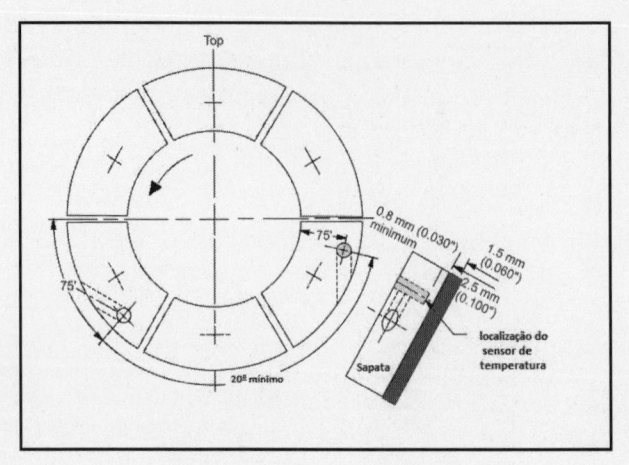

Figura 3.27 – Recomendação API 670 para instalação de sensor de temperatura (RTD) em mancal de escora

- Termômetros por radiação – diferentemente dos anteriores, não requer contato físico com o corpo que está sendo medido. A temperatura é captada por sensores de radiação.

Basicamente consiste em um sistema óptico e um detector. O sistema óptico foca a energia irradiada pelo corpo sobre o detector.

Medem uma faixa típica de comprimentos de onda entre 0,7 e 20 µm[4]

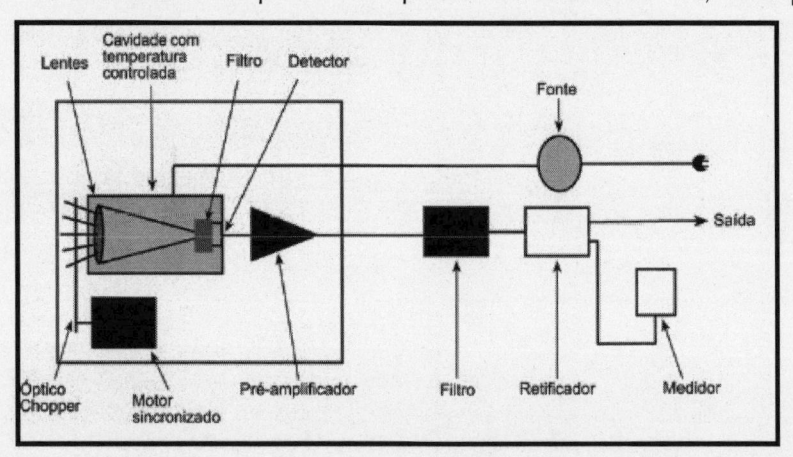

Figura 3.28 – Esquema de um termômetro por radiação [4]

---

[4] NA – µm - Um micrometro é um submúltiplo do metro, unidade de comprimento do Sistema Internacional de Unidades. Está definido como um milionésimo de metro (1×10-6m). Equivale à milésima parte do milímetro, e sua abreviatura é µm. O uso do termo mícron, assim como micrômetro (um aparelho de medida) não são corretos, mas ainda são bastante utilizados. (Wikipédia)

Para utilização como uma ferramenta de monitoramento de temperatura, encontramos disponíveis no mercado:

Termômetros de contato - Em sua maioria, de pequenas dimensões, leves e funcionam com baterias recarregáveis ou não. Possuem mostrador digital, ajuste de escala e dispõem de uma série de tipos de sensores: sensores adequados para medição em tubulação, para superfícies planas, para medição de gases e de líquidos. Ver Figura 3.29.

Os termômetros digitais atuais apresentam as seguintes características:

- Multicanal;
- Probes para diversas aplicações;
- Sensor de platina (*PT100*) ou termopar K (*Chromel Alumel*);
- Gravação multiparâmetro;
- Armazenamento de dados automático ou manual;
- Memória para 8.000 pontos;
- Interface com impressora para impressão dos dado;
- Conexão *RS 232* e/ou *USB*;

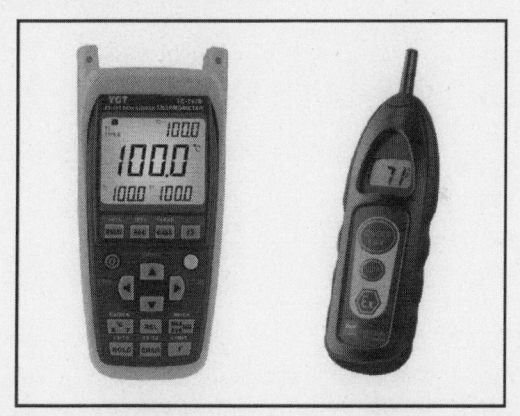

Figura 3.29 – Termômetros de Contato (Cortesia YCT e SKF).

- **Termômetros por radiação** - são instrumentos portáteis, mas podem trabalhar fixos para controle de processo. A utilização de microprocessadores permite que os valores das medições possam ser armazenados, e as saídas sejam fornecidas em indicadores analógicos ou digitais, impressoras ou gravados para posterior análise e comparação

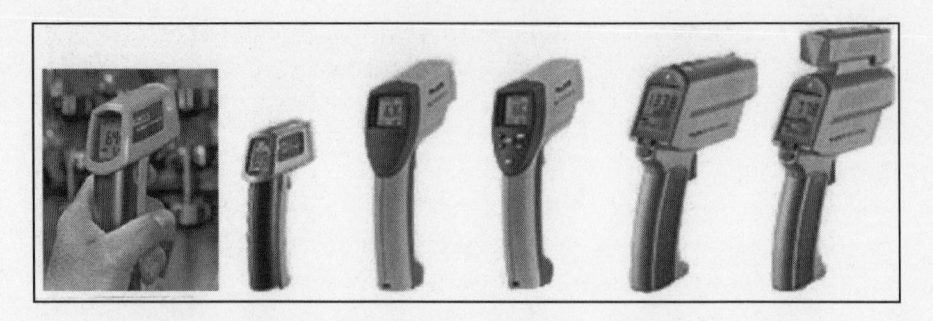

Figura 3.30 – Termômetros Infravermelho (Cortesia Raytek).

Os termômetros por radiação ou termômetros infravermelhos são uma dos equipamentos mais versáteis e de uso praticamente obrigatório para inspetores de manutenção e para o pessoal da manutenção preditiva.

Os termômetros infravermelhos, que são equipamentos de baixíssimo custo, podem ser aplicados, dentre outros, em:

- Verificação de temperatura no preaquecimento de peças para soldagem;
- Verificação de temperatura de mancais;
- Verificação de temperatura de tubulações, vasos, chaminés e outros equipamentos;
- Verificação de temperatura de peças ou produtos em fabricação.

3.2.2.1. Termovisores e Termografia

Os termovisores, também da mesma classe dos termômetros por radiação, são compostos por uma câmera e uma unidade de vídeo. A câmera contém o sistema ótico, mecanismos de varredura horizontal e vertical, o detector e um sistema para resfriamento dele.

A termografia é a técnica preditiva que permite o acompanhamento de temperaturas e a formação de imagens térmicas, conhecidas por termogramas.[31]

Figura 3.31 – Câmeras Termográficas Fluke (alto à esquerda), Ametek (alto à direita), NEC (embaixo, à esquerda) e Flir (embaixo, à direita).

As principais aplicações industriais da termografia são:

- Área elétrica onde existe necessidade de verificação de componentes defeituosos ou problemas de mau contato, sem contato físico com os mesmos. Isso inclui redes de transmissão e de distribuição, painéis, barramentos, dispositivos e acessórios;
- Usinas siderúrgicas – que inclui a verificação do revestimento de altos-fornos, dutos de gás, regeneradores e carros-torpedo;
- Fábricas de cimento – fornos rotativos, onde é pesquisada a queda de refratários;
- Área de Petróleo e Petroquímica é uma das áreas onde é maior a aplicação de termografia. Dentre as aplicações destacam-se a análise de vazamentos em válvulas de segurança, problemas com refratários em fornos, caldeiras e unidades de craqueamento catalítico. Além disso, pode ser verificada a ocorrência de desgaste ou erosão no revestimento interno de dutos e chaminés bem como condições gerais de isolamento de linhas (tubulações). Também é utilizada para análise dos tubos em fornos e caldeiras.

As câmeras termográficas fazem interface com computadores, permitindo, através de *softwares* específicos, o armazenamento de dados, imagens, emissão de relatórios e acompanhamento de tendências.

As Figuras mostram algumas imagens obtidas por termografia:

- Aquecimento excessivo no mancal interno do motor elétrico (Cortesia *NEC*);

Figura 3.32 - Foto Comum e Termograma.

- Mau contato no disjuntor – cabo (Cortesia *Maintenance Diagnostics Systems Inc.*);

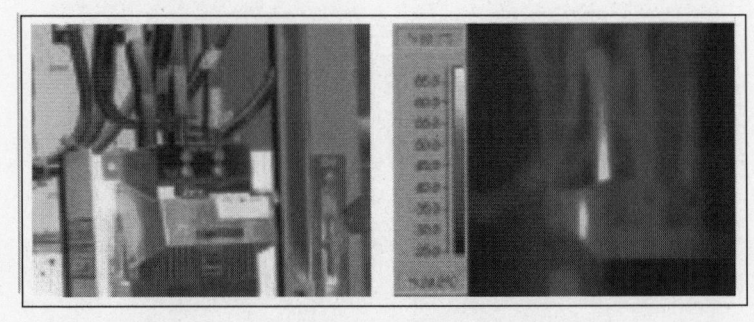

Figura 3.33 – Foto Comum e Termograma.

- Mau contato na fixação do barramento do centro (Cortesia *Flir-Matcor Technology*);

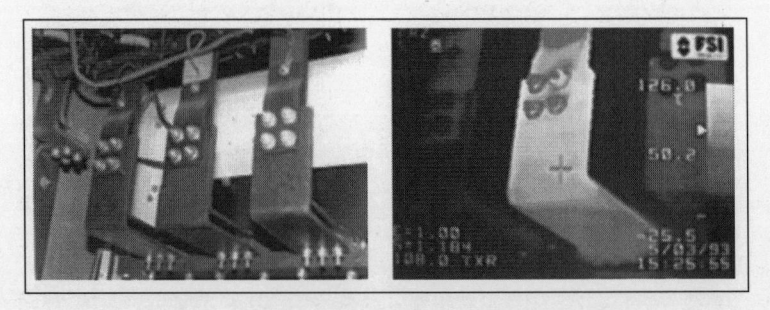

Figura 3.34 – Foto Comum e Termograma.

- Aquecimento em cabos elétricos (cortesia Testo);

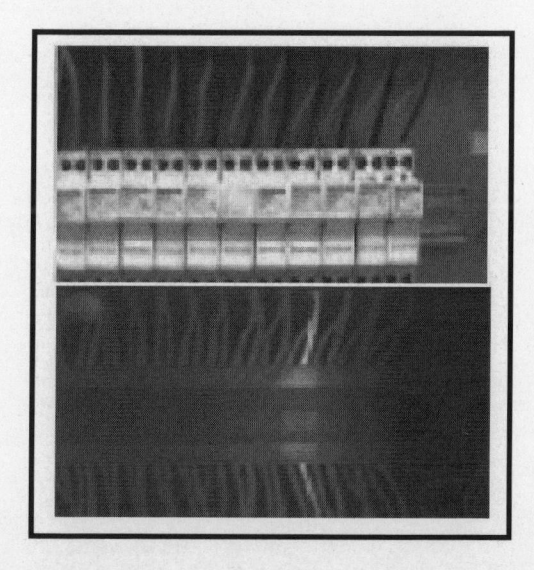

Figura 3.35 – Foto comum e termograma

3.2.3. Análise do Lubrificante

A análise da condição do lubrificante é um método de monitoração bastante utilizado. As duas técnicas mais difundidas são a análise do óleo lubrificante em laboratório para verificação das suas características físico químicas e a técnica de análise das partículas contidas no óleo, oriundas de desgaste. Evidentemente, nos dois métodos estão incluídos os contaminantes que, dependendo das características e da quantidade, determinam a condenação do lubrificante.

3.2.3.1. Análise Físico-Química

As análises físico-químicas de óleo implicam a retirada de amostras, a intervalos regulares, de modo que o acompanhamento das características do lubrificante possa ser feito ao longo do tempo. Se o lubrificante mantém suas características, pode continuar em uso, e a condição de lubrificação adequada está garantida, sob esse aspecto.

Os ensaios físicos químicos são padronizados pelas entidades de normatização (ASTM, ABNT) e vários estão mostrados na Tabela 3.1. Alguns tipos de ensaio interessam mais a determinado tipo de aplicação do que a outra.

Por exemplo: Enquanto em um óleo de turbina a vapor o aspecto de contaminação por condensado é relevante, para motores de combustão interna a diluição por combustível é o que interessa. Desse modo, as características a serem analisadas nos óleos lubrificantes dependem da aplicação.

Ensaio	Finalidade	
ASTM D 1500	Cor	Padronização de produção e estado de oxidação do óleo lubrificante
ASTM D 445	Viscosidade (Saybolt Universal)	Propriedade mais importante do óleo lubrificante, definida como a resistência ao escoamento apresentado pelos fluidos.
ASTM D 2270	Índice de Viscosidade	Variação da viscosidade com a temperatura
ASTM D 92	Ponto de Fulgor (Open Cup)	Determinação da mais baixa temperatura na qual uma amostra de óleo desprende vapores, ao ser aquecida, em proporção suficiente para formar uma mistura inflamável com o ar e provocar um "flash" ou se aproximar uma chama padrão definida no ensaio.
ASTM D 644	Índice de Acidez (TAN)	Grau de acidez do óleo lubrificante
ASTM D 4793	Índice de Basicidade TBN	Determinação da reserva alcalina do óleo lubrificante
ASTM D 2711	Demulsibilidade	Característica de o óleo separar-se da água rapidamente
ASTM D 1401	Emulsibilidade	Característica de se misturar com a água, necessária em certos tipos de óleo.
ASTM D 482	Cinzas	Materiais não combustíveis presentes no óleo
ASTM D 892	Espuma	Estabilidade da espuma formada sob condições de aeração.
ASTM D 189	Resíduo de Carbono (Conrad Residue Carbon Test)	Resíduo obtido quando da evaporação lenta sem a presença do ar, em condições definidas.
ASTM D 130	Corrosão em Lâmina de Cobre	Utilizado para combustíveis, óleos lubrificantes, solventes e graxas para indicar o grau de corrosividade.
ASTM D6304 ASTM D1744 ASTM D 95	Teor de Água	Quantidade de água presente no óleo. Pode ser determinada por destilação ou pelo método Karl Fischer (ASTM D95 – água por destilação).
NBR – 6869	Rigidez Dielétrica	Específico para óleos de transformadores, mede a capacidade de suportar tensões elétricas, sem falhar.
ASTM D 893	Insolúveis em Pentano / Tolueno	Determinar o nível e a composição de contaminantes insolúveis presentes no óleo.

Tabela 3.1 – Análises físico-químicas de óleos lubrificantes

A periodicidade de retirada de amostras deve ser definida praticamente para cada posto de serviço de uma determinada instalação. Se para uma determinada periodicidade de, por exemplo, três meses, o óleo não acusa qualquer alteração nas suas características básicas, é razoável aumentar um pouco o intervalo. Se, ao contrário, o óleo apresenta qualquer modificação nas suas características as amostras devem ser analisadas em intervalos mais curtos, que podem chegar a ser diários, até que o problema esteja sob controle ou solucionado.

A retirada de amostras deve seguir um procedimento de modo a garantir a representatividade do resultado e sua influência nas ações que se seguirão. Assim:

- Recolher uma amostra representativa de óleo. A amostra é crítica para o processo de análise de óleo;
- Limpar a área ao redor do bujão de drenagem (completamente) de modo a evitar a contaminação da amostra;
- Deixar o óleo a escorrer durante três a cinco segundos antes de recolher a amostra no frasco;
- Colocar um frasco de amostra, seco e limpo, sob o fluxo de óleo e deixe encher até aproximadamente 30mm do topo. Para a homogeneização da amostra, quando do momento da realização efetiva das diversas análises de interesse no laboratório, faz-se necessário agitar vigorosamente a amostra no frasco. Para que a homogeneização seja eficaz, é necessário que haja um volume de ar dentro do frasco que corresponda ao menos a um quinto do seu volume bruto;

Figura 3.36 – Frasco, bomba de vácuo e conjunto de coleta de amostra de óleo

- Fechar o frasco bem fechado;
- Limpar o frasco externamente;
- Identificar o frasco por meio de etiqueta indicando:
1. O *tag* do equipamento;
2. Data, tipo de óleo (nome comercial e grau ISO);
3. Tempo em operação;
4. Data da ultima troca;
5. Quantidade de reposição desde a última troca;

- Colocar os frascos em uma caixa com uma listagem tipo romaneio de despacho que deve ser assinada pelo destinatário.

O laudo ou relatório de resultado da análise contém a identificação da amostra, os valores encontrados na análise e, ao final, o laudo ou diagnóstico que recomenda a permanência do óleo em serviço ou sua substituição. A Figura 3.38 mostra um laudo de um óleo ISO VG 68 de um redutor de uma planta industrial. A recomendação de troca do óleo se dá por contaminação por água.

A contaminação por água está diretamente relacionada com a vida remanescente do mancal. Desse modo deve-se ter muita atenção com esse tipo de contaminação que pode começar no armazenamento inadequado de tambores de óleo ao tempo.

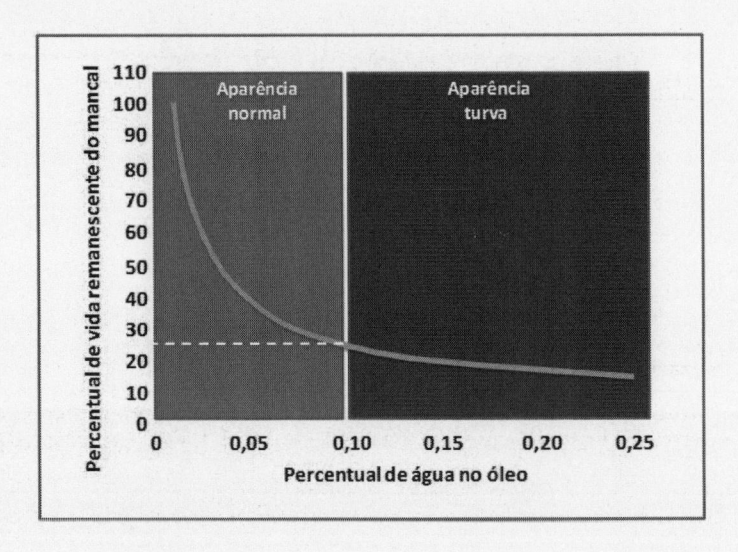

Figura 3.37– Percentual de água no óleo x vida remanescente do mancal[07]

3.2.3.2. Ferrografia

Essa técnica foi desenvolvida nos Estados Unidos para a aviação militar, estando hoje bastante difundida no mundo inteiro.

A ferrografia consiste na determinação da severidade, modo e tipos de desgaste em máquinas por meio da identificação da morfologia, acabamento superficial, coloração, natureza e tamanho das partículas encontradas nas amostras de óleos ou graxas lubrificantes de qualquer viscosidade, consistência e opacidade.[75]

A amostra é enviada a um laboratório onde são preparados os corpos de prova denominados ferrogramas, que contêm todas as partículas que estão em suspensão na amostra.

O trabalho que se segue é de observação de cada partícula, feita através de um microscópio especial (1000X). Nesse exame são observados a morfologia, o tamanho, o acabamento superficial, a coloração, a quantidade de partículas etc.

As máquinas operando normalmente usualmente geram pequenas partículas planas a uma taxa bem baixa. Se o número de partículas aumenta e, particularmente, se a relação entre partículas grandes e pequenas aumenta, estamos diante de uma indicação de que um modo mais severo de desgaste se iniciou.

A geração de partículas maiores sinaliza uma iminente falha.

O desgaste abrasivo, analogamente ao processo de usinagem por corte, gera partículas com formato de espirais, circulares, curvadas, como mostrado na Figura 3.38.

O aumento no número e no tamanho dessas partículas indica que o mecanismo de desgaste abrasivo está aumentando rapidamente.

A Figura 3.38 mostra ferrogramas que indicam:

- Desgaste abrasivo;
- Desgaste por arrastamento (deslizamento);
- Desgaste por roçamento.

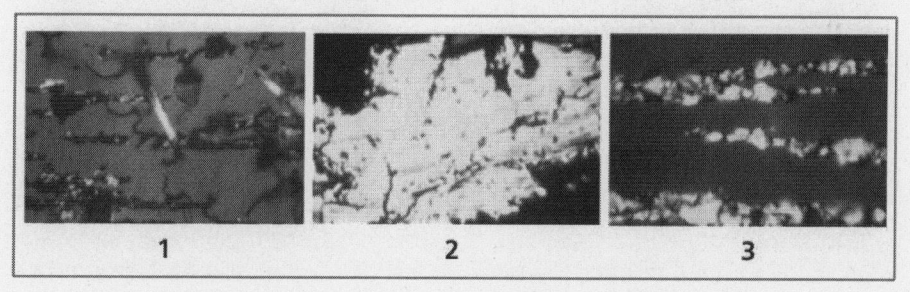

Figura 3.38 – Ferrogramas (Cortesia Spectro Inc.).

Figura 3.39 - Partículas de desgaste das engrenagens endurecidas e mancais de um redutor 200 X.[06]

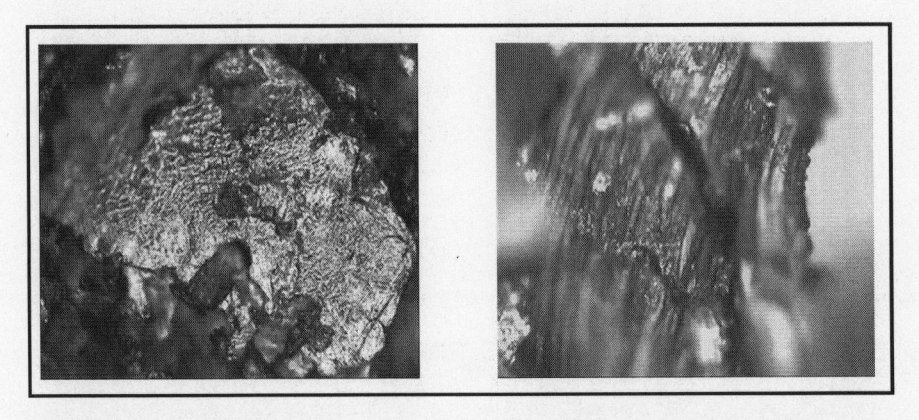

Figura 3.40 – Desgaste de mancal (esquerda) e desgaste por deslizamento [08]

A norma ASTM D7690 - 11 - *Standard Practice for Microscopic Characterization of Particles from In-Service Lubricants by Analytical Ferrography*, regulamenta a análise de partículas através da ferrografia.

A Figura 3.41 mostra um relatório de análise ferrográfica do óleo lubrificante de um compressor de ar.

O exame Quantitativo (DR) determina as concentrações e permite análise de tendências: [23]

- Partículas grandes - (L > 5 μm);
- Partículas pequenas - (S < 5 μm);
- Concentração total = L+S;
- Modo de desgaste = – PLP = [(L-S)/(L+S)]*100.

O exame Analítico (AN) identifica os tipos e causas do desgaste

- Esfoliação;
- *Pitting;*
- Abrasão;
- Corrosão;
- Contaminantes;
- Arrastamento;
- Falha do lubrificante.

O gráfico L+S indica a evolução da concentração total de partículas ao longo do tempo.

Tribolab

RELATÓRIO DE EXAME FERROGRÁFICO

Código Tribolab: 999999.000001.00000
Máquina: COMPRESSOR DE AR
Ponto de coleta: DRENO

ALERTA

Data da coleta: 05/06/1998
Data do exame: 16/06/1998

CONCLUSÕES :   [ ] Normal [ ] Aceitável [x] Alerta [ ] Crítica

Condição de ALERTA, devido a maior esfoliação em aço e evolução do *pitting*. O teor de água e os contaminantes estão contribuindo para acelerar o desajuste.
Todas as medidas tomadas até o momento já não estão sendo capazes de evitar a manutenção, mas já foi possível estender quase 4 vezes a vida desta unidade.
Paliativamente podemos recomendar uma troca de óleo para postergar a revisão por mais 30 dias.

L = 3,6   S = 4,33   L + S = 7,93   PLP = 9,2   Visc. = 83 cSt @40C   Teste de água = 0,2%

Exame Quantitativo (DR): L + S

Exame Analítico (AN): Vol. = 9ml

Exame Quant. (DR): PLP = [(L – S)/(L + S)] 100

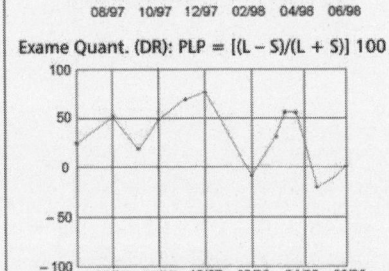

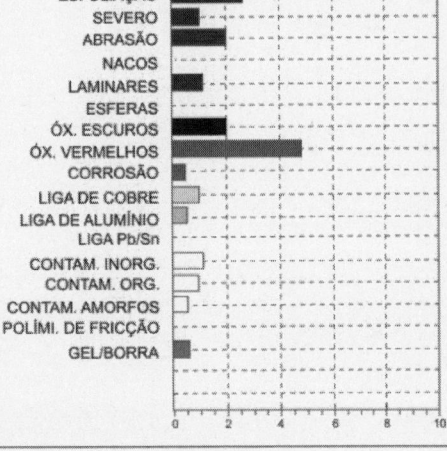

INFORMAÇÕES ENVIADAS PELO CLIENTE/OBSERVAÇÕES REALIZADAS NO EXAME:
* Sem ocorrências no período, apenas uma reposição de 5 litros. Elemento com 37.514h.
Fatos relevantes:
1) Aumento do valor L + S, devido a esfoliação em aço, sem quebra de filme de óleo.
2) Surgimento de desgaste severo com arrastamento de material e também pequenos *pittings* em aço baixa liga.
3) Apesar de pouca contaminação por areia, ja se observam partículas de abrasão com até 12 μm.
4) A presença de água é a responsável pelos óxidos vermelhos (ferrugem).
5) Gel/borra em concentrações ainda aceitáveis.
6) Leves traços de liga de cobre que são, devido a sua morfologia, oriundas das gaiolas dos rolamentos.
7) Trações de alumínio.
8) A viscosidade está aumentando devido ás altas temperaturas de trabalho (vide a presença do gel).

Laboratório ferrográfico da Tribolab – SP   *Eng. Tarcísio D'Aquino Baroni*

Figura 3.41 – Relatório de Ensaio Ferrográfico (Cortesia Tribolab)

3.2.4. Óleos Isolantes

Os óleos denominados "Óleos minerais isolantes" são aqueles óleos básicos extraídos do petróleo, que recebem tratamento específico e se destinam à utilização em transformadores, chaves elétricas, reatores, disjuntores, religadores, dentre outros.

Nos equipamentos elétricos, o óleo é usado simultaneamente como isolante e refrigerante. Para cumprir sua função de isolante, o óleo deve ser isento de umidade e de contaminantes; para resfriar deve possuir baixa viscosidade e baixo ponto de fluidez, de modo a facilitar a sua circulação.

Algumas características dos óleos isolantes são: [10]

- baixa viscosidade;
- alto poder dielétrico;
- alto ponto de fulgor;
- isento de ácidos, álcalis e enxofre corrosivo;
- resistência à oxidação;
- resistência à formação de borra;
- baixo ponto de fluidez;
- não atacar os materiais usados na construção de transformadores e outros equipamentos elétricos;
- possuir baixa perda dielétrica;
- não conter aditivos ou produtos que agridam as pessoas e/ou o meio ambiente.
- cor clara (o escurecimento normalmente indica degradação do óleo)

Dentre as propriedades elétricas destaca-se a rigidez dielétrica que é a capacidade do óleo de resistir à passagem da corrente elétrica.

Quanto mais puro estiver o óleo, maior a <u>rigidez dielétrica</u>. Umidade, partículas sólidas e gases

dissolvidos prejudicam a capacidade isolante do óleo.

A rigidez dielétrica é fortemente afetada quando o óleo possui íons e partículas sólidas

higroscópicas. Neste caso é preciso tratar o óleo com aquecimento e filtragem.

<u>Fator de potência</u>: é uma indicação das perdas dielétricas no óleo. O óleo será melhor, quanto menores forem estas perdas. A condução de corrente nos óleos pode ser causada por elétrons livres resultantes da ação do campo eletromagnético sobre as moléculas ou por partículas carregadas.

O fator de potência mede a contaminação do óleo por água e contaminantes sólidos ou solúveis.

As características dos óleos isolantes estão definidas nas tabelas mostradas a seguir para os óleos tipo A e tipo B.

A Agência Nacional de Petróleo, através da RESOLUÇÃO ANP Nº 36, DE 5.12.2008 - DOU 8.12.2008, especifica as características / propriedades dos óleos isolantes:

CARACTERÍSTICA	UNIDADE	LIMITES		MÉTODO ABNT NBR e NBR/IEC	MÉTODO ASTM e IEC
		TIPO A	TIPO B		
Aspecto		Claro, límpido e isento impurezas		Visual	
Cor ASTM, máx.		1		14483	ASTM D1500
Massa específica a 20ºC	kg/m³	861,0 - 900,0	860,0 máx.	7148	ASTM D1298
Ponto de fluidez, máx.(1)	ºC	-39	-12	11349	ASTM D97 ou ASTM D5950

CARACTERÍSTICA	UNIDADE	LIMITES	MÉTODO ABNT NBR e NBR/IEC	MÉTODO ASTM e IEC
Viscosidade cinemática, máx. (2)	mm²/s (cSt)		10441	ASTM D 445
a 20ºC		25		
a 40ºC		12		
a 100ºC		3		
Ponto de fulgor, mín.	ºC	140	11341	ASTM D92
Índice de neutralização, (IAT), máx.	mg KOH/g	0,03	14248	ASTM D974
Água, máx (3)	mg/kg	35	10710 B	ASTM D1533
Cloretos	-	Ausente	5779	-
Bifenila Policlorada (PCB)	mg/kg	Não Detectável	13882-B	-
Carbono aromático	% massa	Anotar	-	ASTM D2140
Enxofre corrosivo	-	Não corrosivo	10505	ASTM D1275 Method B
Enxofre total, máx.	% massa	Anotar	-	ASTM D2622 ASTM D4294
Hidrocarbonetos Aromáticos Policíclicos, máx.	% massa	3		IP346
Fator de perdas dielétricas, máx. (4)	%		12133	ASTM D 924
a 25º C e		0,05		
a 90º C, ou		0,4		
a 100º C		0,5		
Rigidez dielétrica				
Eletrodo de disco, mín., ou	kV	30	6869	ASTM D 877
Eletrodo de calota, min		42	NBR/IEC 601560	
Rigidez dielétrica a impulso - Eletrodos (agulha/esfera), mín.	Kv	145	-	ASTM D 3300
Tendência à evolução de gases	µL/min	Anotar	-	ASTM D 2300
Tensão interfacial a 25º C, min.	mN/m	40	6234	ASTM D 971
Aditivo inibidor de oxidação DBPC (5)	% massa			
Óleo não inibido		Não detectável	12134 A	ASTM D 2668
Óleo inibido, máx.		0,33		
Aditivos (6)				
ENSAIOS COMPLEMENTARES				
Óleo Não Inibido				
Estabilidade a oxidação				
Índice de neutralização (IAT), máx.	mg KOH/g	0,4	10504	IEC 61125 A
Borra, máx.	% massa	0,1		
Fator de perdas dielétricas, a 90ºC, máx.	%	20		
Óleo Inibido				
Estabilidade a oxidação 164 horas				
Índice de neutralização (IAT), max	mg KOH/g	0,4	-	ASTM D2440
Borra, máx.	% massa	0,2		
Bomba rotativa (RBOT), min.	Minutos	220	NBR 15362	ASTM 2112

Tabela 3.2 – Item 4 da resolução ANP Nº 36, DE 5.12.2008

Os Óleos Minerais Isolantes, Tipo A e Tipo B devem atender na íntegra aos requisitos estabelecidos na Tabela de Especificações acima.

O óleo de um transformador atende, principalmente, a dois fins quais sejam isolamento e a dissipação do calor do transformador atuando como líquido de arrefecimento, como mencionado anteriormente. Além destes, o óleo ajuda a manter tanto o núcleo como o enrolamento que estão totalmente imersos dentro do óleo. Além desses, outro importante objetivo deste óleo é evitar o contato direto da celulose de que é feito o papel de isolamento dos enrolamentos com o oxigênio atmosférico desde que ele é susceptível à oxidação.

A Figura 3.43 mostra os esquemas de resfriamento de transformadores indicando o fluxo do óleo isolante.

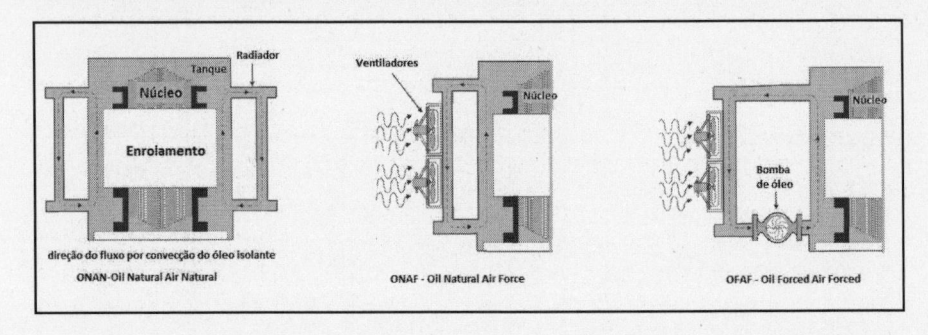

Figura 3.43 – Métodos de resfriamento de transformadores e fluxo do óleo isolante

Durante a operação tanto o óleo mineral isolante como outros materiais isolantes sofrem um processo de degradação ou decomposição química causado pela temperatura e pelas tensões de origem elétrica. Essa decomposição promove a geração de gases que são dissolvidos, total ou parcialmente no óleo isolante.

Atualmente é possível relacionar a ocorrência de determinados gases com a natureza ou tipo de defeito ou degradação ou ainda com a parte do equipamento que está sendo atingida.

Dentre as técnicas existentes, destacam-se:

3.2.4.1. Análise Cromatográfica (Cromatografia gasosa)

Tem como objetivo diagnosticar a condição de operação do equipamento através da identificação e quantificação dos gases presentes no óleo isolante. O Método empregado para todos os testes é a NBR 7070.

A análise cromatográfica é uma análise de gases, capaz de processar pequenas amostras com grande sensibilidade e precisão, constituindo-se em um instrumento poderoso para identificação precoce de uma falha. [11]

As principais ocorrências consideradas na geração de gases são:

- Superaquecimento;
- Efeito Corona;
- Arco Elétrico;
- Eletrólise da água existente no sistema;
- Reação da água contida no óleo com o ferro da carcaça.

Os materiais isolantes no interior dos transformadores, quando em decomposição, promovem uma mistura complexa.

São analisados a presença de nove gases, sendo Hidrogênio (H_2), Oxigênio (O_2), Nitrogênio (N_2), Monóxido de Carbono (CO), Dióxido de Carbono (CO_2), Metano (CH_4), Etileno (C_2H_4), Etano (C_2H_6) e Acetileno (C_2H_2).

A concentração desses gases no óleo isolante, a relação entre a concentração deles bem como a taxa de crescimento para um determinado período, fornecem um diagnóstico preciso da condição do equipamento.

3.2.4.2. Análise Físico-Química

Objetiva diagnosticar o estado do óleo mineral isolante através da análise de suas características, dentre as quais:

- Teor de água;
- Rigidez dielétrica;
- Fator de potência;
- Índice de neutralização;
- Tensão interfacial;
- Cor;
- Densidade relativa.

Determinação de Teor de Água - NBR 10710:2006

Água no óleo isolante, mesmo que em pequenas quantidades, é extremamente prejudicial, pois:

- Acelera a degradação tanto da isolação celulósica quanto do próprio óleo isolante, liberando mais água neste processo de deterioração;
- Reduz a rigidez dielétrica do sistema isolante que é função direta do conteúdo de água.

Determinação da Rigidez Dielétrica - NBR IEC 60156:2004

A rigidez dielétrica é a medida da capacidade que os óleos isolantes têm de suportar tensões elétricas sem apresentar ruptura do dielétrico.

O teste consiste a aplicação de uma tensão alternada, a uma taxa controlada, através de dois eletrodos separados por uma distância definida, que ficam imersos no óleo isolante.

A aplicação da tensão provoca em determinado instante a ruptura do dielétrico sendo feito então o registro.

Contaminantes, como água, sedimentos e partículas condutoras reduzem a rigidez dielétrica do óleo isolante sendo a combinação deles mais perniciosa para a redução da rigidez dielétrica do que cada um deles isoladamente.

Determinação do Número de Acidez por Titulação - NBR 14543:2009

O nível de acidez dos óleos isolantes pode ser influenciado tanto pelos aditivos ou, em maior grau, pelos produtos da degradação. Os óleos isolantes podem conter constituintes ácidos na forma de aditivos, ou em maior grau, na forma de produtos de degradação.

A ocorrência de taxas elevadas de oxigênio dissolvido no óleo associado a temperatura elevadas, aumenta a taxa de formação dos ácidos.

O nível de acidez está ligado à vida remanescente do óleo e quando o valor é elevado devem ser tomadas providencias de substituição, ou regeneração antes que esse óleo passe a degradar componentes particularmente o isolamento celulósico.

Determinação da Tensão Interfacial - NBR 6234

A tensão interfacial (IFT) mede a força necessária para se romper a interface entre dois líquidos não miscíveis como óleo e água. O teste é frequentemente aplicado aos óleos em serviço, como subsidio a uma indicação do grau de deterioração.

Determinação de Fator de Perdas Dielétricas e da Permissividade Relativa - NBR 12133

Fator de Potência ou Fator de dissipação é a medida das perdas dielétricas em um líquido isolante elétrico, quando submetido a um campo elétrico em corrente alternada. A análise do fator de potência é um teste útil no controle de qualidade do óleo sendo indicativo de contaminação do óleo ou a degradação do óleo em serviço.

Resistividade de um líquido é uma medida da propriedade de isolamento elétrico em condições comparáveis às do teste. Valores baixos de resistividade indicam que o óleo contém partículas contaminantes e ou produtos de oxidação.

Determinação da Massa Específica e da Densidade Relativa Pelo Densímetro Digital - NBR 14065:2006

Densidade (*specific gravity*) do óleo é a relação entre os peso e volume iguais de óleo e água, nas condições especificadas no procedimento de teste. A densidade do óleo mineral influencia a taxa de transferência de calor.

Determinação da Cor - Método do Colorímetro ASTM - NBR 14483:2008

A variação da cor é um indicativo de degradação do óleo.

3.2.4.3. Análises Especiais

Ensaio 2-Furfuraldeído:
A medição do Teor de 2-FAL é utilizada como uma indicação da vida útil da isolação celulósica em transformadores de potência

Ensaio PCB (Bifinilas Poli-Cloradas):
Objetiva determinar a quantidade de produtos clorados dissolvidos no óleo mineral isolante como, por exemplo, o Ascarel.

Ensaio DBPC (Di-Butil Para-Cresol):
Determina a quantidade de aditivos antidegradantes (oxidantes) dissolvidos no óleo mineral.

Ensaio de GP - Grau de Polimerização:
É usada para determinar da vida útil da isolação celulósica através da amostra do papel isolante.

3.2.5. Monitoramento *online* de Transformadores

O mercado já apresenta algumas soluções para o monitoramento online de transformadores sendo uma ferramenta fundamental na prevenção de defeitos que podem levar à perda do transformador bem como fornecer informações que permitam um diagnóstico e tomada de ação no tempo certo.

A Figura 3.44 mostra as principais partes de um transformador.

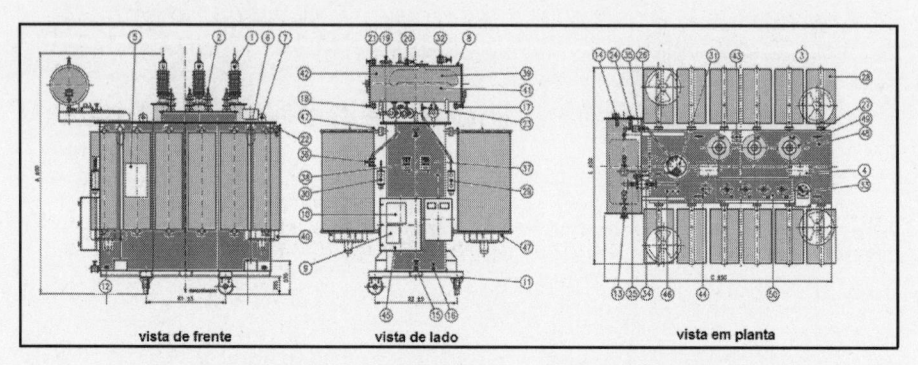

Figura 3.44 – Transformador (cortesia Contrafo)

Principais partes de um transformador referido à Figura 3.44

Nº	Nome da parte
1	Bucha alta tensão fase – condensiva
2	Bucha baixa tensão – fase e neutro – porcelana
16	Válvula de amostra do óleo do transformador
22	Válvula para enchimento de óleo do transformador
28	Radiadores destacáveis
31	Comutador sob carga
34	Relé tipo Buchholz com contatos para transformador
35	Relé de fluxo e pressão de óleo para comutador sob carga
40	Conjunto de moto ventiladores
43	Caixa de passagem de terminais AT
44	Caixa de passagem de terminais BT

A ALSTOM fornece um sistema de monitoramento denominado MS 3000. A Figura 3.45 mostra um esquema de aplicação desse sistema, que monitora as seguintes partes:

Parte Ativa	Buchas	Comutador
Potência aparente e fator de carregamento	Tensão de operação	Posição do comutador
Temperatura do óleo	Sobretensão	Número de operações
Temperatura hot spot	Mudança de capacitância, capacitância em tempo real	Soma da corrente comutada
Gases dissolvidos no óleo	Correntes capacitivas	Consumo do motor de acionamento
Teor de água no óleo	Correntes de carga	Avaliação da parte mecânica
Umidade no papel	Sobrecorrente e corrente de curto circuito	Desgaste dos contatos
Temp. de formação de bolhas e margem de segurança		Temperatura do óleo do comutador
Taxa de envelhecimento e consumo de vida útil	Sistema de Resfriamento	Diferença de temperatura entre o óleo do comutador e do transformador
Tensão de ruptura	Condição de operação de ventiladores e bombas	
Perdas atuais	Tempo de operação de ventiladores e bombas	
Capacidade de sobrecarga	Eficiência do resfriamento	
Tempo de sobrecarga de emergência	Temperatura ambiente	Fonte - Alstom

Tabela 3.3 – Monitoramento de transformadores *online* (Alstom)

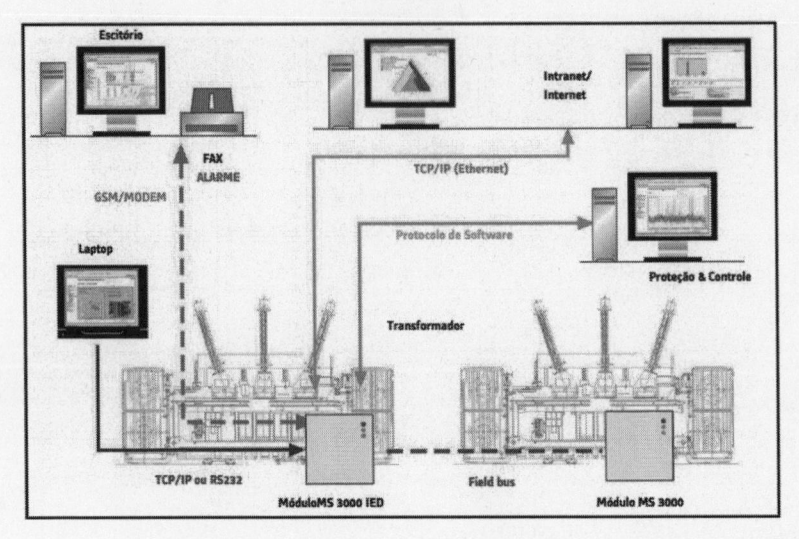

Figura 3.45 – Sistema de monitoramento de transformadores (cortesia Alstom)

A GE tem um sistema de monitoramento de transformadores denominado GE KELMAN Transfix – DGA que faz o monitoramento *online* através da Análise de Gases Dissolvidos.

O sistema analisa oito gases mais mistura e nitrogênio. Possui software expert que mostra tendência e faz diagnóstico. Pode receber sinal de mais cinco sensores analógicos.

Figura 3.46 – Sistema Online de Análise de Gases Dissolvidos em óleos isolantes (Cortesia GE Kelman)

3.2.6. Som / Ruído

O som é uma percepção sensorial e o ruído é definido como sendo um som indesejado.

O ruído está normalmente presente em todas as atividades humanas

O monitoramento do ruído ultrassônico é uma técnica preditiva que pode ser explorada também. Atualmente é possível, através de equipamentos de medição de ruído, fazer análise de equipamentos e/ou complementar informações para formatar um diagnóstico mais preciso junto com outras técnicas preditivas.

Os equipamentos de medição de sinais ultrassônicos convertem os sinais de ultrassom produzidos pelas máquinas, equipamentos industriais e veículos, em padrões facilmente reconhecíveis.

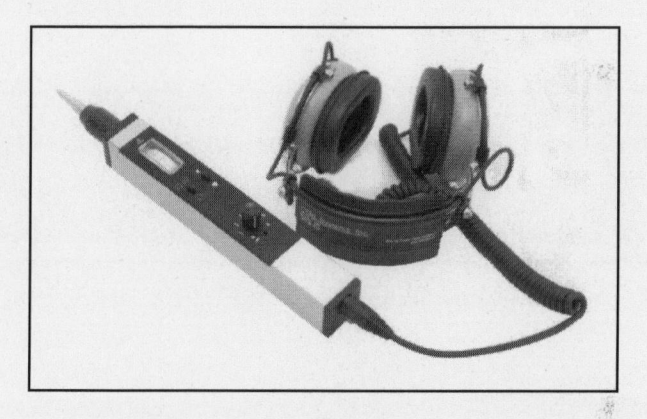

Figura 3.47 – Medidor ultrassônico (Cortesia CTRL)

Os equipamentos mecânicos produzem uma "assinatura" de sinais "normais" quando operando adequadamente. Quando os componentes começam a apresentar defeitos, essa assinatura de sinais sonoros se modifica e essas modificações podem ser observadas no nível de intensidade sonora ou no aspecto qualitativo do som. O uso de fones de ouvido é essencial para que o inspetor avalie os sons que podem também serem gravados para posterior comparação com padrões ou medições anteriores.

Outras aplicações dos medidores ultrassônicos são:

- detecção de arco elétrico
- detecção de efeito corona
- detecção de vazamentos em sistemas com líquidos ou gases.

Alguns equipamentos atualmente disponíveis incorporam outras funções, como o mostrado na Figura 3.48.

O instrumento de ultrassom portátil mostrado, inclui um sensor de temperatura e um tacômetro laser. O fornecedor também oferece um banco de dados SQL integrado para capturar e gerenciar os dados da pesquisa.

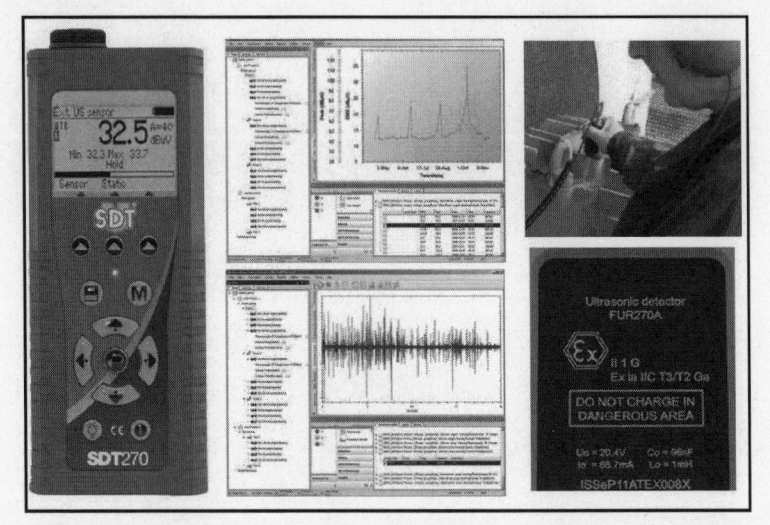

Figura 3.48 – Ultrassom portátil, assinaturas / software (cortesia SDT)

3.2.7. Espessura de Paredes

Tanques, vasos de pressão ou tubulações que contêm ou transportam fluidos sob pressão, estão submetidos a esforços conforme mostrado no desenho esquemático da Figura 3.49.

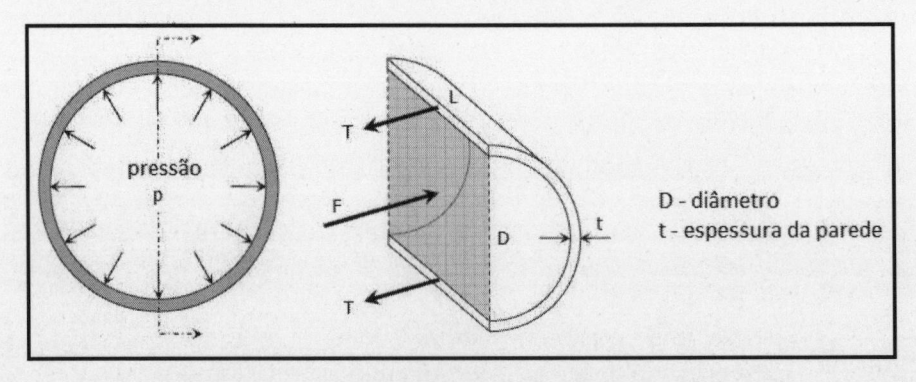

Figura 3.49 – Pressão e esforços em vasos e tubulações

Para suportar esses esforços diversos cálculos e procedimentos de fabricação, inspeção e teste são adotados e um dos parâmetros fundamentais é a espessura de parede (t na Figura).

Com o passar dos anos em operação, o equipamento pode sofrer perda dessa espessura de parede causada por corrosão, por abrasão ou por erosão provocada pelo produto em seu interior. Caso os valores de espessura de parede caiam abaixo de valores definidos no cálculo (projeto), corre-se o risco de haver um colapso do equipamento, isto é, não suportar os esforços e se romper.

Figura 3.50 – Rompimento de vaso de pressão, diâmetro 920 mm [12]

O controle da espessura de paredes na indústria pode ser monitorado nos seguintes equipamentos:

- Tubulações;
- Vasos de pressão;
- Vasos atmosféricos;
- Tanques de armazenamento;
- Carcaças de bombas centrífugas;
- Carcaças de compressores.

O monitoramento da espessura de parede nesses equipamentos objetiva, dentre outros:

- Garantir os aspectos de segurança pessoal e das instalações em função de possíveis riscos oriundos de vazamentos;

- Manter a integridade dos equipamentos;
- Evitar paradas não programadas com os consequentes custos da indisponibilidade;
- Manter um acompanhamento e controle do estado dos equipamentos de modo a prever ações de reforma, substituição ou reparos menores.

A perda de espessura ocorre por conta de alguns fenômenos ligados ao processamento. Dentre diversos fatores, os mais comuns são:

- Corrosão;
- Erosão;
- Abrasão.

O monitoramento da espessura da parede pode ser feito:

- Através de inspeções pontuais nas quais o equipamento é retirado de operação e o inspetor faz medições de espessura em diversos pontos. Os pontos a serem acompanhados são pré-definidos e identificados em desenhos ou diagramas de modo que o acompanhamento da tendência tenha precisão;
- Através de medições externamente aos equipamentos e tubulações (quando possível) sem que haja necessidade de retirada do equipamento de operação;
- Através de monitoramento online, que será detalhado adiante.
- Para os dois primeiros tipos de monitoramento acima, diversos tipos de medidores de espessura são ofertados no mercado. A Figura 3.51 mostra dois medidores portáteis para utilização de medição *offline* baseado em programa que estabelece rotas e frequências de medição.

Figura 3.51 – Medição de espessura em tubulações (cortesia Panametrics e GE)

Existem aparelhos mais sofisticados ou completos e, para fins de ilustração, listamos as principais características de um desses medidores.

Figura 3.52 – Medidor de espessura GE Modelo DMS-Go

O medidor de espessura, mostrado na Figura 3.52 é adequado para medição de espessura em uma grande variedade de aplicações e especialmente para medição/monitoramento de corrosão, mesmo em temperaturas altas (até 540ºC) e em peças revestidas. Através de software específico, o medidor pode ser adequado e realizar detecções avançadas de defeitos.

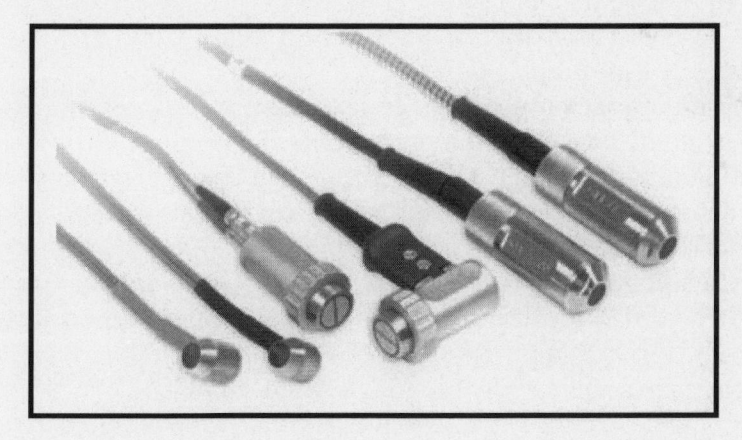

Figura 3.53 – Sensores para o medidor de espessura DMS-Go (Cortesia GE)

O Registrador de Dados incorporado no medidor da Figura 3.52, disponibiliza todas as opções para uma documentação atualizada e um moderno gerenciamento de dados:

- Capacidade de memória para 150.000 leituras e 1.100 A-scans ou B-scans (ampliável);
- Adaptação flexível à tarefa de medição por oito estruturas de arquivo diferentes – de acordo com o arranjo de pontos de medição encontrado com maior frequência;
- Inserção/apagamento subsequente de leituras dentro de um arquivo;
- Armazenamento de outras informações para cada local de medição: sonda, data, hora, calibração etc.;
- Linha de comentário com 64 caracteres acessível a qualquer momento;
- *Micrograde:* Com esta função, você pode é possível inserir até 81 leituras, em grades de 2 x 2 a 9 x 9, por ponto de medição a qualquer momento durante o ensaio. Fazendo isso, é possível realizar uma análise na vizinhança direta de um ponto de medição crítico.

O medidor dispõe de uma conexão *USB* padrão para permitir o *download* de dados do detector de defeitos para análise posterior ou armazenamento. O instrumento é fornecido por padrão com um placa de memória SD de 2 GB (pode acomodar um cartão de até 16 GB).

Os relatórios são produzidos em formato *jpeg* ou *bmp*, portanto não é necessário nenhum software especial de leitura.

Um registrador de dados integrado simples para coletar e salvar medições de espessura.

O **monitoramento online** tem características semelhantes ao monitoramento de vibração ou outra variável. Sensores são instalados nos pontos para os quais se deseja medição contínua e os parâmetros são encaminhamos para um software que armazena e permite análise de tendência e diagnóstico.

Os sistemas *Rightrax LT (low temperature)* e *Rightrax HT (high temperature)*, da GE, usam sensores permanentemente instalados, que permitem o monitoramento remoto de áreas restritas, de difícil acesso e/ou com temperaturas até 120°C (248°F) e 350°C (662°F), respectivamente. "*Depois de instalado, o sistema proporciona acesso contínuo de tempo real aos dados de corrosão por meio de dados de espessura de paredes diretos e adquiridos, eliminando a necessidade de se montar andaimes, remover o isolamento ou desligar os sistemas da planta. O monitoramento online também reduz as rotinas de inspeção tradicionais, que exigem muita mão de obra, fornecendo dados que podem ser usados para o planejamento da manutenção proativa.*"

Esse tipo de solução pode ser aplicado, dentre outros, em:

- Linhas de petróleo bruto de alta temperatura;
- Linhas de derivados de petróleo e gases;
- Locais de altas temperaturas;
- Locais de difícil acesso ou remotos;
- Vasos de pressão de alta temperatura.

A Figura 3.54 mostra o esquema do sistema de monitoramento. Cada sistema admite até 128 transdutores e as distâncias máximas de cabos estão indicadas na figura.

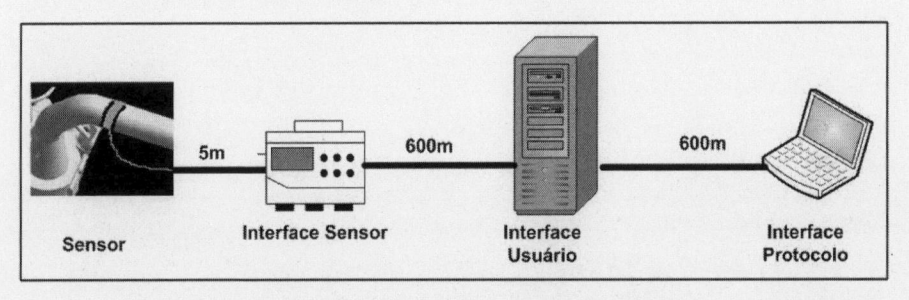

Figura 3.54 – Sistema de monitoramento *online* de espessura de parede (*GE*)

Outro sistema de análise e monitoramento de condição em tubulações é o *IRIS – Internal Rotary Inspection System* que é um método ultrassônico.

A sonda *IRIS* é inserida na tubulação que deve estar cheia de água. A sonda é retirada lentamente enquanto os dados são mostrados e registados. O feixe de ultrassom permite a detecção da perda de metal a partir do interior e exterior da parede do tubo.

O sistema *IRIS* usa a técnica de ultrassom (pulso-eco) para gerar ondas sonoras de alta frequência para a parede do tubo medindo a espessura sobre todas as superfícies escaneadas. A sonda transmite um pulso de ultrassom, que é refletido em ângulo reto pelo espelho rotativo (45 º) alojado na montagem de turbinas sonda. O sistema produz imagens denominadas *B Scan* ou *end view* que é uma imagem em corte transversal do tubo podendo serem visualizados em formato retilíneo IRIS típico ou em vista circular (que representa uma vista de extremidade do tubo). A imagem gerada inclui a circunferência do tubo completa (360 º) e os defeitos internos e externos podem ser facilmente distinguidos.

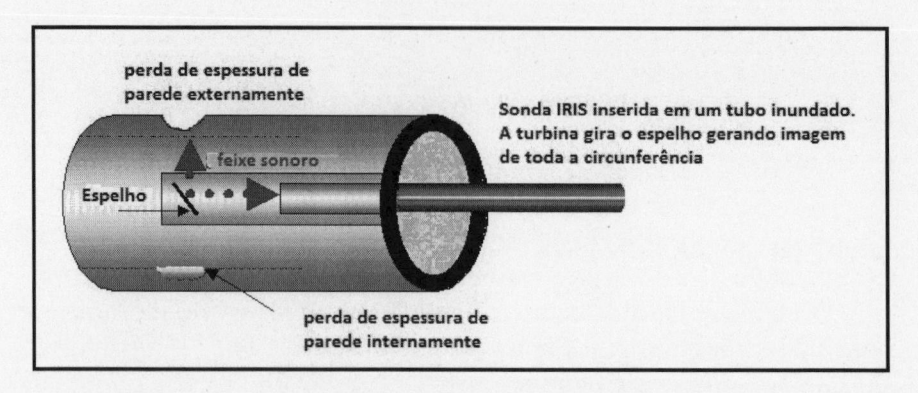

Figura 3.55- IRIS - funcionamento

Para garantir que não haja distorção das imagens pelo posicionamento fora de centro da sonda, esta é dotada de dispositivos que ajudam a mantê-la centrada todo tempo.

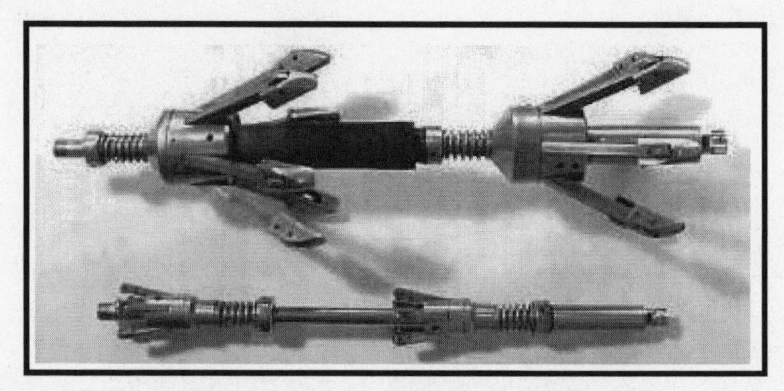

Figura 3.56 – sondas (probes) IRIS

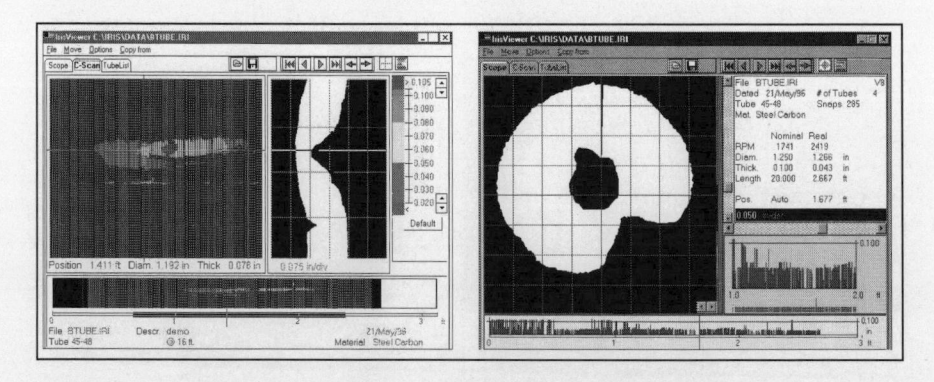

Figura 3.57 – Imagens IRIS – B Scan e End View [13]

As aplicações mais comuns para IRIS são:

- Tubos de trocadores de calor;
- Tubos de caldeiras;
- Tubulação em geral para medição de parede desgaste e corrosão devido à corrosão.

O sistema é capaz de indicar a redução da espessura da parede no diâmetro externo ou no diâmetro interno ou de ambos os lados. Revela tanto corrosão uniforme quanto corrosão localizada por *pit*.

Pode inspecionar a espessura da parede do tubo de 0,8 mm.

A taxa de inspeção chega a 100-150 tubos por dia dependendo da condição dos tubos.

A velocidade linear, puxando a sonda é de 0.3m/s.

3.3. Práticas Básicas na Execução da Manutenção

De nada adiantará a existência de um programa de Manutenção Preditiva, sistematizado, com medição, análise e diagnóstico, se as práticas de execução dos serviços de correção não forem adequadas.

A Manutenção Preditiva / Inspeção na Manutenção monitoram, analisam e diagnosticam. A correção indicada pela Preditiva é levada a efeito pela equipe de execução que estará fazendo a Correção Planejada.

A Figura 3.58 explicita bem como deve ser a sequência de ações que decorrem entre a medição, análise e diagnóstico e reparo do equipamento. Observar que a última tarefa da execução é a elaboração do histórico, ou seja, preencher o relatório de manutenção – seja à mão em formulário próprio ou lançando as informações nos softwares específicos, CMMS[5], EAM[6] ou PM-ERP[7]

---

[5] CMMS – Computer Maintenance Management System – Sistema Computadorizado de Gerenciamento da Manutenção

[6] EAM – Enterprise Asset Management – Gestão de Ativos da Empresa

[7] PM-ERP – Módulo de Manutenção dos Enterprise Resource Planning – software que tem utilização global na organização.

Figura 3.58 – Da Manutenção Preditiva à Corretiva Planejada.

Apesar de não indicado na figura, após a entrega do equipamento reparado à Operação, é feito o teste, ocasião em que são registrados:

- Dados de performance operacional do equipamento (vazão, pressão, rotação, corrente, tensão...);
- Níveis de vibração nos mancais (nos 3 sentidos – horizontal, vertical e axial);
- Temperatura dos mancais;
- Verificação da existência de vazamentos no lado do produto e nos mancais;
- Observação quanto a ruídos estranhos.

A meta a ser atingida após cada reparo é que o equipamento retorne à operação apresentando a performance padrão, de projeto ou estabelecida como normal.

A intervenção da manutenção estará tanto mais próxima dessa meta quanto maior o grau de utilização de práticas básicas que, dentre outras, serão listadas a seguir:

3.3.1. Alinhamento de Máquinas Rotativas

Alinhar é dispor os eixos de tal modo que, à temperatura de operação, estejam seguindo uma linha reta, tomando-se como referência suas linhas de centro.[33]

O alinhamento mal feito leva à diminuição do Tempo Médio Entre Falhas dos equipamentos, pois induz a ocorrência de esforços que provocam o desgaste prematuro de componentes.

Apesar de essas consequências serem de conhecimento geral, constata-se que não se dá a devida atenção ao alinhamento de máquinas. Estudo levado a efeito na Inglaterra mostrou que de 160 máquinas escolhidas aleatoriamente em diversas empresas químicas de grande porte somente 7% estavam dentro dos limites de tolerância aceitáveis para o alinhamento.

O surgimento dos alinhadores a *laser* propiciou uma melhora sensível no alinhamento de eixos. Esse método combina duas tecnologias, que são o raio *laser,* num sistema ótico que permite leituras de grande precisão, e a microeletrônica, que dispensa cálculos pela incorporação de um "computador". Enquanto os relógios comparadores proporcionam precisão da ordem de 0,01mm os alinhadores a *laser* dão uma precisão de 0,001mm.

O funcionamento dos alinhadores a *laser* se dá pela modificação da posição relativa do feixe *laser*. Como os dois eixos giram juntos, havendo um desalinhamento ocorrerá uma variação na posição do raio *laser*. Isso é percebido pelos cabeçotes, enviado aos processadores e mostrado no monitor.

Atualmente estão disponíveis no mercado alinhadores sem fio (*wireless*) que utilizam a tecnologia *blue-tooth* (Figura 3.59) e alinhadores cujo processador/monitor é um PDA – *Personal Digital Assistant* (*pocket size*) (Figura 3.60)

Figura 3.59 – Alinhador a *Laser Wireless* (Cortesia Pruftechnik).

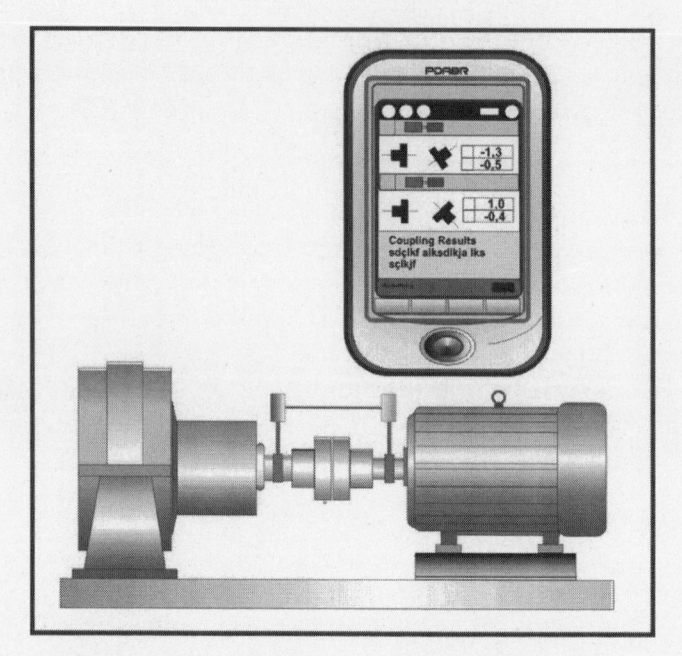

Figura 3.60 – Alinhador a *Laser* Baseado em PDA.

O desalinhamento de eixos pode ser a causa única ou combinada das seguintes ocorrências:

- Falha do eixo resultante de fadiga cíclica;
- Trinca no eixo perto dos cubos do acoplamento ou rolamentos;
- Aumento do desgaste dos rolamentos, vedações, ou de acoplamento, levando a falha prematura;
- Afrouxamento dos parafusos da base;
- Parafusos de acoplamento soltos ou quebrados;
- Elevação de temperatura da caixa de mancal;
- Aumento do consumo de energia nos motores elétricos.

As tolerâncias recomendadas para alinhamento estão mostradas no gráfico da Figura 3.61 [14]

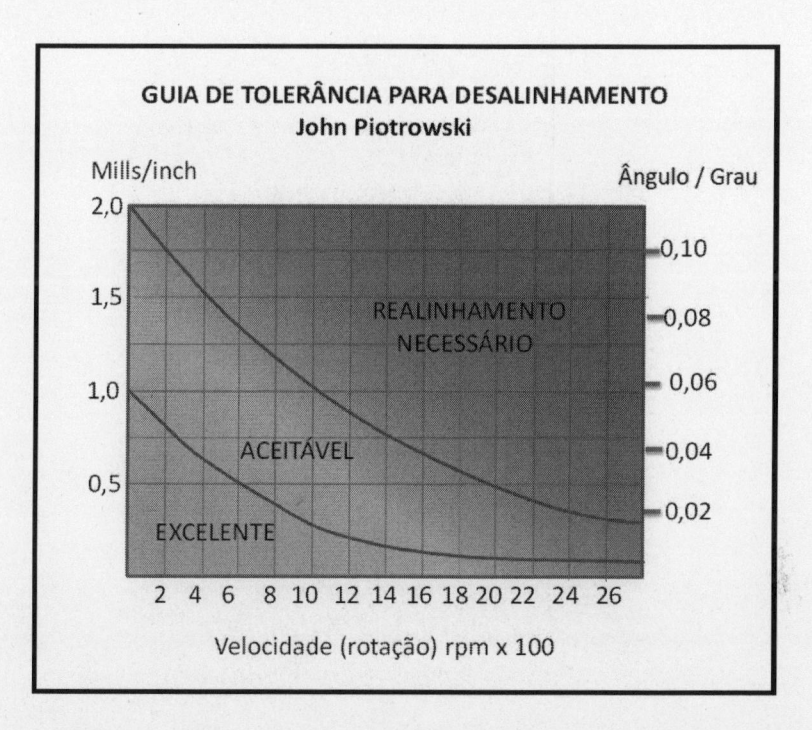

```
GUIA DE TOLERÂNCIA PARA DESALINHAMENTO
            John Piotrowski
Mills/inch                              Ângulo / Grau
2,0
                                             0,10
1,5        REALINHAMENTO
           NECESSÁRIO                        0,08

1,0                                          0,06

           ACEITÁVEL                         0,04
0,5
                                             0,02
           EXCELENTE

   2  4  6  8 10 12 14 16 18 20 22 24 26
        Velocidade (rotação) rpm x 100
```

Figura 3.61 – Tolerância para desalinhamento (John Piotrowski ref. 14)

Alinhamento de correias e polias

O desalinhamento é uma das causas mais comuns de falha prematura de correias. O problema reduz, gradualmente, a performance da correia pelo aumento do desgaste e da fadiga. Dependendo da severidade, o desalinhamento pode destruir uma correia em questão de horas ou dias. [15]

Dispositivos de alinhamento a *laser* de polias são disponíveis para equipamentos com transmissão por correias planas, em V ou correntes. Esses dispositivos contribuem para a redução no tempo de alinhamento e aumento da precisão (Figura 3.62).

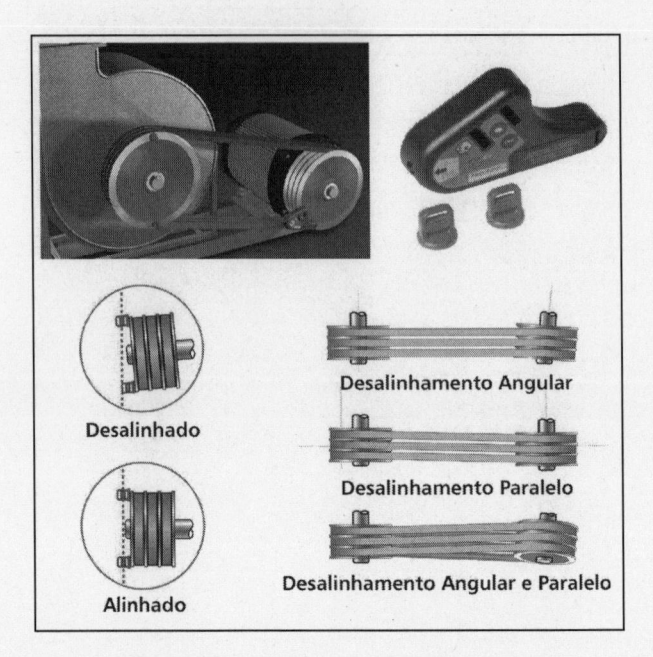

Figura 3.62 – Alinhador de Polias a *Laser* (Cortesia Easy Laser).

3.3.2. Balanceamento

Imperfeições durante a fabricação ou oriundas de desgastes e/ou acúmulo de material durante a operação podem afetar o equilíbrio de peças girantes em máquinas rotativas.

O termo "desbalancear" relaciona-se com "pesar". Uma balança antiga, daquelas de pratos, está "balanceada" quando em ambos os lados desta tivermos o mesmo peso. Da mesma maneira, no caso de um rotor, a distribuição de massas é considerada em relação ao seu eixo de rotação. Uma desigualdade destas massas é denominada desbalanceamento. Quando em rotação, este gera forças centrífugas, vibrações e ruídos, que se intensificam com o aumento da rotação e são percebidos de maneira desagradável.[16] O desbalanceamento reduz a vida útil de mancais, suspensões, carcaças e fundações devido aos esforços de vibrações. O desbalanceamento também contribui para afrouxamento de parafusos o que pode comprometer a segurança pessoal e das instalações.

O balanceamento pode ser feito em duas ocasiões:

a) Balanceamento do conjunto rotativo quando a máquina está desmontada. Nesse caso o balanceamento é feito em máquinas específicas de balanceamento, como as mostradas nas Figuras 3.63 e 3.64
b) Balanceamento no campo. Atualmente os analisadores de vibração portáteis possuem recursos para realização de balanceamento no campo.

A Figura 3.63 mostra as principais partes de uma balanceadora, com um conjunto rotativo (eixo + rotor) montado para balanceamento.

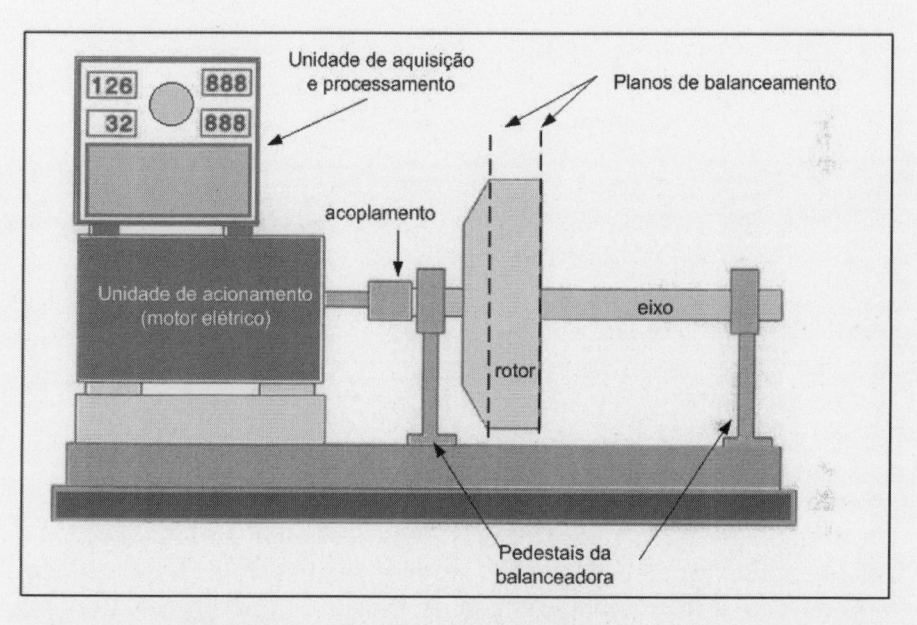

Figura 3.63 – Máquina de balancear (balanceadora)

Figura 3.64 – Máquinas de balancear (cortesia Schenk)

A ISO 1940/1 é a norma utilizada para definição do balanceamento residual admissível. O gráfico da Figura 3.64 mostra o gráfico que tem no eixo horizontal a rotação (velocidade) máxima de operação do equipamento (RPM) e no eixo vertical o valor do balanceamento residual em g.mm/kg,

Esse valor de desbalanceamento corresponde ao valor de uma massa (que promove o desequilíbrio) multiplicado pela distância até o eixo (Figura 3.65).

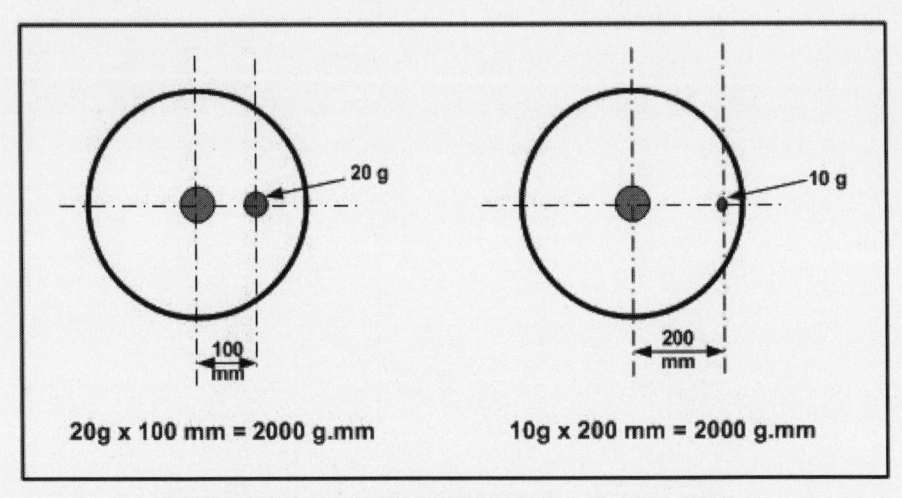

Figura 3.65 – Desbalanceamento – massa x raio

Dependendo da classe / tipo de equipamento, o grau de balanceamento (ou desbalanceamento residual admissível) é maior ou menor. Por exemplo, turbinas a vapor e compressores centrífugos requerem um grau de balanceamento 2.5 enquanto virabrequins de motores de locomotivas, carros e caminhões têm recomendado balanceamento grau 40.

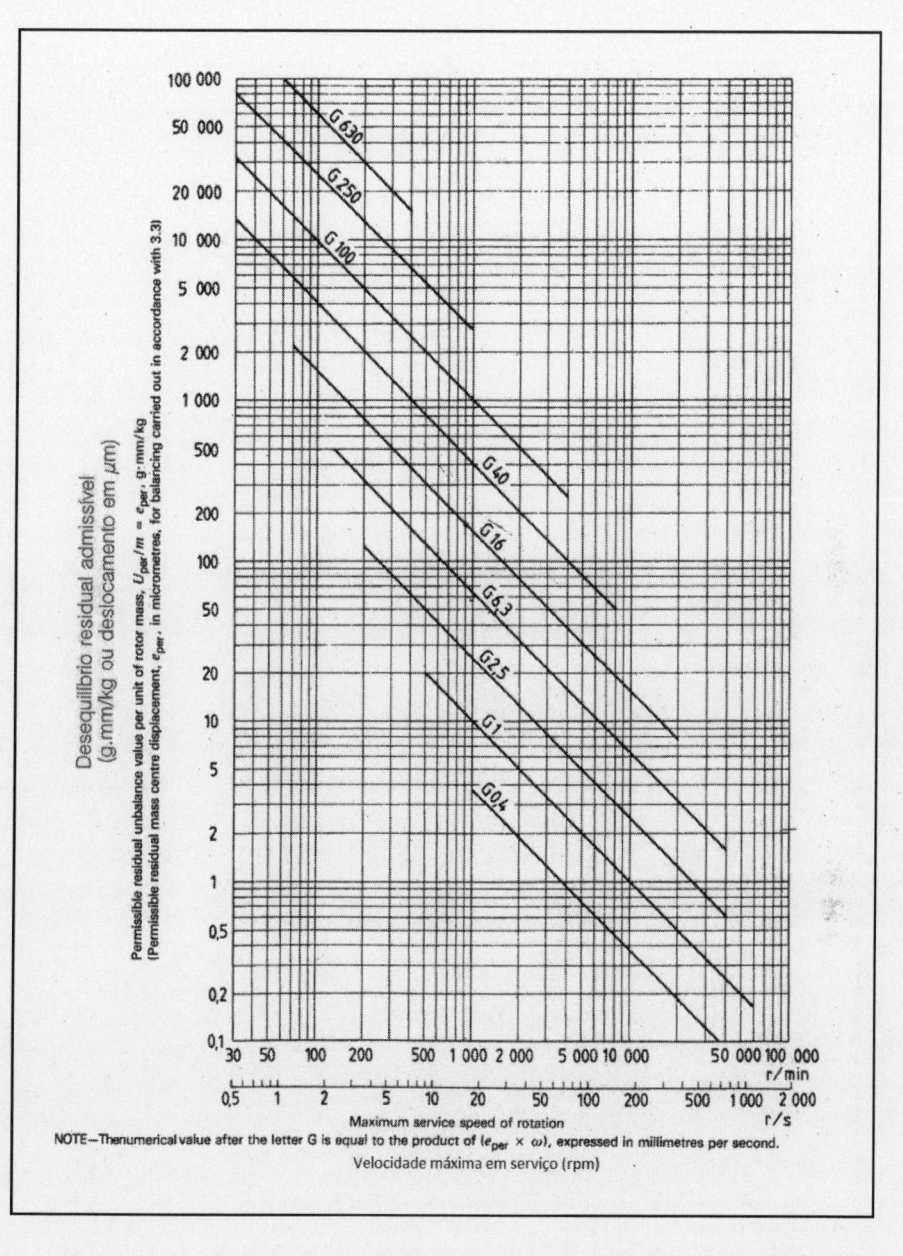

Figura 3.66 – Graus de desbalanceamento admissíveis – ISO 1940-1

Graus de balanceamento para grupos de rotores rígidos representativos

Classe de qualidade do balanceamento	Produto da relação $e_{per} \times \omega$ (1) (2) mm/s	Tipos de rotor - Exemplos Gerais
G 4.000	4.000	Virabrequins(3) dos motores diesel marinhos lentos, montados com números desiguais de cilindros(4)
G 1.600	1.600	Virabrequins de motores grandes rígidos montados, de dois cilindros
G 630	630	Virabrequins de motores grandes rígidos, de quatro cilindros Virabrequins de motores diesel marinhos elasticamente montados
G 250	250	Virabrequins de motores diesel rápidos, rigidamente montados, de quatro cilindros (4)
G 100	100	Virabrequins de motores diesel rápidos, com seis ou mais cilindros (4) Motores completos (gasolina ou diesel) para carros, caminhões ou locomotivas (5)
G 40	40	As rodas de carro, bordas da roda, conjuntos de roda, eixos da movimentação Virabrequins de motores rápidos de quatro ciclos elasticamente montados, com seis ou mais cilindros(4) Virabrequins de motores de carros, caminhões e locomotivas
G 16	16	Eixos da movimentação (eixos de hélice, eixos cardan) com exigências especiais Partes de máquinas de esmagar Partes da máquinas para agricultura Componentes individuais de motores (gasolina ou diesel) para carros, caminhões e locomotivas Virabrequins dos motores com seis ou mais cilindros sob exigências especiais
G 6.3	6.3	Partes de máquinas, de indústrias de processo Engrenagens principais de turbinas marinhas (serviço mercante) Centrífugas Rolos de máquinas de fabricação de papel, rolos de impressão Ventiladores industriais Rotores de turbina a gás, na aviação Volantes Bombas Impulsoras Máquinas ferramenta e partes gerais de máquinas Armaduras elétricas médias e grandes (de motores elétricos que têm ao menos 80 milímetros de altura do eixo), sem exigências especiais Armaduras elétricas pequenas, frequentemente produzidas em série, em aplicações tolerantes à vibração e/ou com montagens isolantes de vibração Componentes individuais dos motores, sob exigências especiais
G 2.5	2.5	Turbinas a gás e vapor, incluindo turbinas principais marinhas (serviço mercante) Cilindros e discos de memória de computador Turbo-compressores Movimentação de máquina-ferramenta Armaduras elétricas médias e grandes com exigências especiais Armaduras elétricas pequenas que não qualifiquem para uma ou ambas as circunstâncias **especificadas** na classe de qualidade G 6.3 Bombas a turbina
G 1	1	Turbinas a gás e vapor, incluindo turbinas principais marinhas (serviço mercante) Movimentações de gravador e fonógrafo de fita (gramophone) Movimentações de máquina de moer Armaduras elétricas pequenas com exigências especiais
G 0.4	0.4	Eixos, discos e armaduras de moedores de precisão Giroscópios

1) $\omega = 2\pi n/60 \approx n/10$, se 'n' é medido em rpm e ω em radianos por segundo
2) para alocar o desequilíbrio residual permissível aos planos da correção, consulte a "Alocação de U_{per} aos planos da correção."
3) um crankshaft/drive é um conjunto que inclui um eixo de manivela, um volante, uma embreagem, uma polia, um amortecedor da vibração, parte girante de um eixo de conexão, etc..
4) para as finalidades desta parte da ISO 1940/1, os motores diesel lentos são aqueles com uma velocidade do pistão de menor que 9 m/s; os motores diesel rápidos são aqueles com uma velocidade do pistão maior que 9 m/s.
5) nos motores completos, a massa do rotor compreende a soma de todas as massas que pertencem ao crankshaft/drive descrito na nota 3 acima.

Figura 3.67 – Graus de balanceamento para grupos representativos de rotores ISO 1940-1

O Balanceamento no campo é um recurso que permite manter a máquina na base reduzindo o tempo de intervenção para balanceamento. Entretanto, é necessário que se faça uma análise das fontes de vibração que estão presentes além do desbalanceamento. Se, por acaso, os rolamentos ou mancais estiverem com folgas excessivas esses devem ser trocados de modo garantir um resultado adequado.

Os captores instalados na máquina permitem a leitura, no analisador / balanceador dos sinais de amplitude de vibração a 1x e do ângulo de fase.

A partir dessas informações é possível acrescentar (ou retirar) peso para balancear o conjunto rotativo. Quando não há acesso para instalação de peso no rotor é comum a colocação de peso no acoplamento.

A Figura 3.68 mostra um croquis de balanceamento no campo de um ventilador industrial.

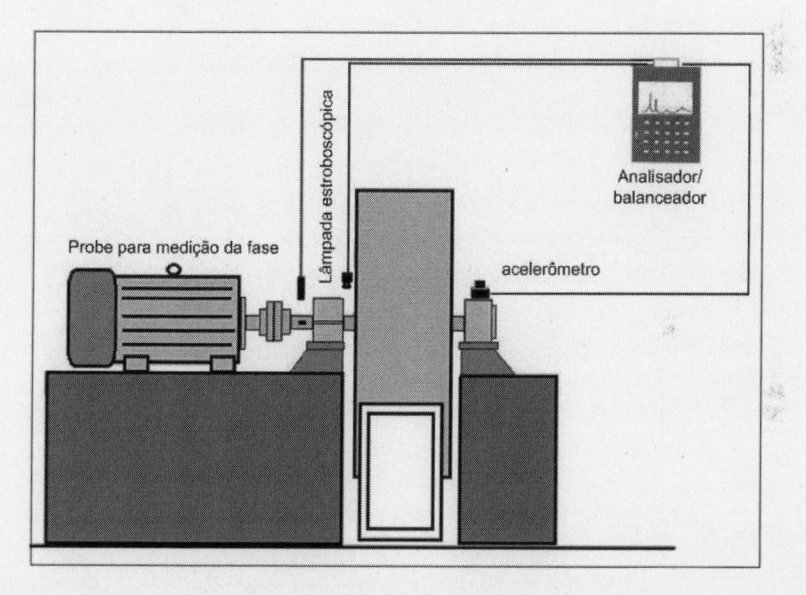

Figura 3.68 – Balanceamento no campo

A Figura 3.69 mostra a foto de um balanceamento no campo.

Figura 3.69 – Balanceamento no campo (cortesia Schenk)

3.3.3. Ligação Tubulação – Equipamentos

Por não fazer parte do escopo deste livro, mencionaremos a seguir apenas alguns cuidados e recomendações que devem ser tomados na ligação tubulações – equipamentos.

- O peso da tubulação não deve ficar sobre os equipamentos rotativos (bombas, compressores);
- Os flanges devem ser montados de modo que os furos estejam simetricamente distribuídos em relação aos eixos vertical e horizontal deles;
- O aperto dos flanges deve ser feito por igual conforme torque recomendado para o diâmetro do parafuso. Não se deve tentar eliminar o desalinhamento entre flanges utilizando aperto excessivo;
- A sequência de aperto dos parafusos de flanges deve ser "cruzada", conforme mostrado nos exemplos da Figura 3.69;.

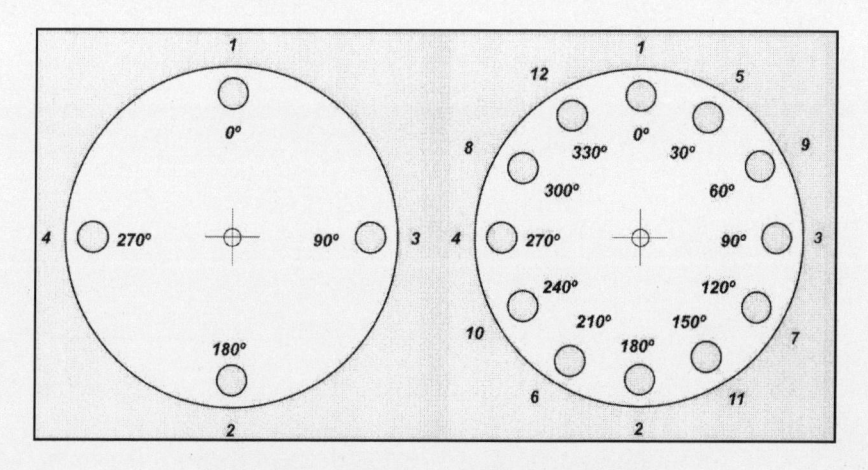

Figura 3.70 - Sequência de aperto de flanges [17]

- Qualquer modificação em trechos de tubulação ou montagem de tubulações novas deve contemplar uma limpeza após o término da montagem para retirar depósitos de ferrugem, pontas de eletrodo, respingos de solda, poeiras e outros detritos. Caso esses detritos penetrem nos equipamentos podem provocar danos;
- A limpeza de tubulações é geralmente feita com água devendo serem colocados filtros provisórios na entrada de bombas, medidores e outros equipamentos. Outra recomendação é fazer o by pass do equipamento de modo que ele seja preservado contra a entrada de detritos e impurezas. Para tubulações de aços inoxidáveis, a água pode ter no máximo 30 ppm de cloretos;
- Duas verificações devem ser feitas, através dos flanges, na montagem de tubulações. O paralelismo e o alinhamento dos flanges. (Figura 3.71);

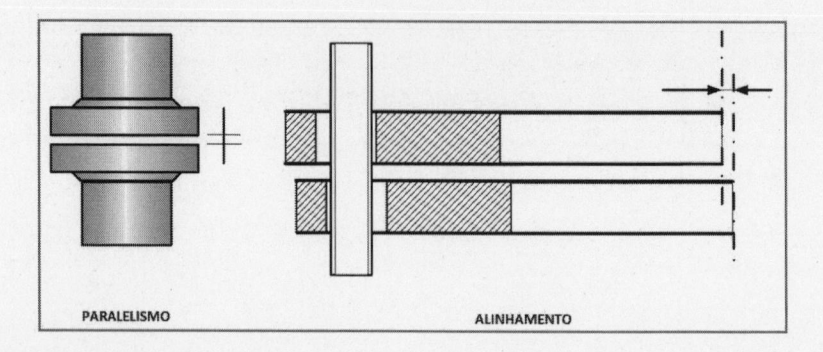

Figura 3.71– Ligação flange equipamentos – paralelismo e alinhamento.

- A tolerância do paralelismo de flanges está indicada na tabela 3.4;

Diâmetro do Flange em mm	Tolerância em mm
até 100	0,2
>100 a 150	0,3
>150 a 200	0,4
> 200 a 250	0,5
acima de 250	0,6

Tabela 3.4 – Tolerâncias para paralelismo de flanges.

- Praticamente se considera que o desalinhamento entre os flanges do equipamento e da tubulação deve ser, no máximo, igual à metade da folga entre os parafusos e os respectivos furos;
- Uma das maneiras de verificação do esforço de tubulações em bombas centrífugas de refinarias, por exemplo, é alinhar o conjunto acionador – bomba e solicitar a conexão dos flanges, mantendo-se o conjunto de alinhamento montado. Caso o alinhamento se modifique além de 0,05mm é solicitado o reajuste da tubulação;
- A N-115 Norma de Montagem de Tubulações industriais é um guia completo relacionado à montagem e fabricação de tubulações industriais. A Figura 3.72, extraída da N-115 (Norma

Petrobras), trata de modo claro e conciso as tolerâncias dimensionais em tubulações.
- Os esforços de tubulação sobre os equipamentos podem modificar o alinhamento das máquinas ocasionando vibrações elevadas que reduzirão a vida de componentes, notadamente mancais e selagens. Esforços elevados da tubulação sobre os flanges dos equipamentos (além dos especificados em normas) pode levar ao colapso / ruptura das carcaças dos equipamentos.

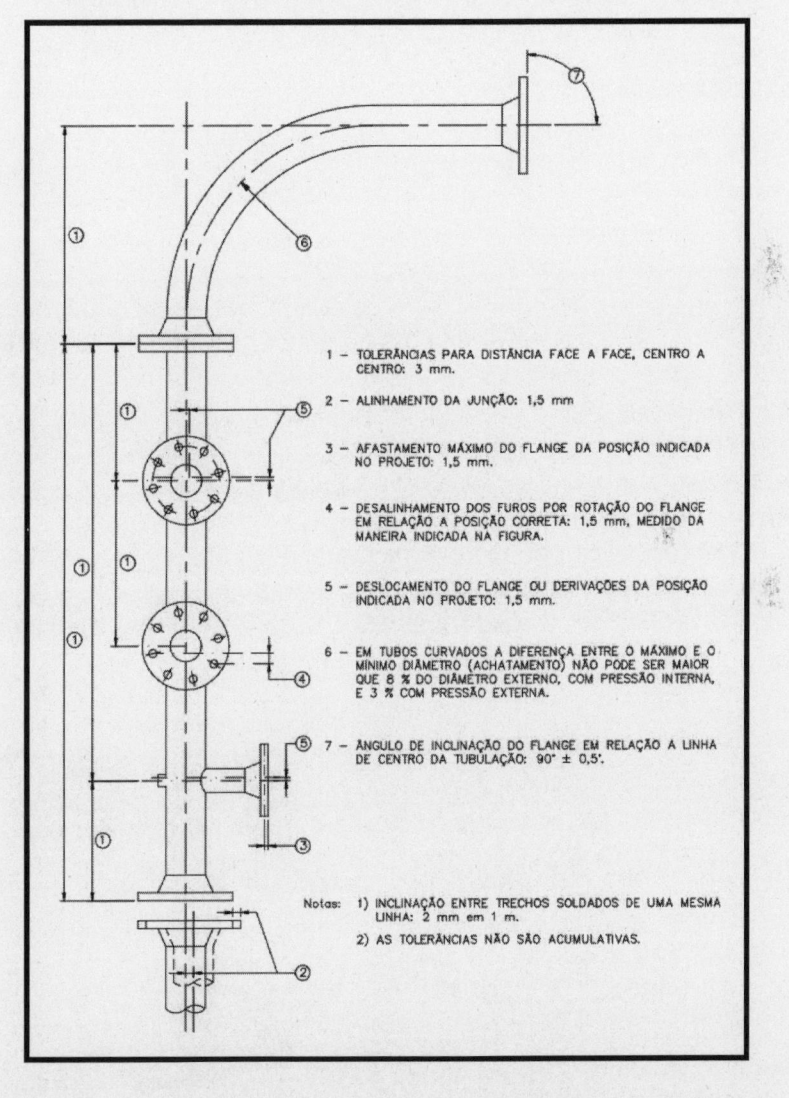

Figura 3.72 – Tolerâncias dimensionais na montagem de tubulações (N-115 PETROBRAS)

3.3.4. Limpeza dos Equipamentos e da Planta

A manutenção é um termo genérico para várias tarefas em diferentes tipos de setores e todos os tipos de ambientes de trabalho. As atividades de manutenção incluem:

- Inspeção;
- Testes;
- Substituição;
- Ajuste;
- Reparo;
- Detecção de falhas;
- Substituição de peças;
- Lubrificação;
- Limpeza.

Dentre essas atividades a limpeza tem um papel preponderante na qualidade dos serviços de Manutenção. A Operação também tem um envolvimento na limpeza da planta e dos equipamentos, envolvimento esse até maior do que o da Manutenção desde que o equipamento está a sua disposição na maior parte do tempo.

Os exemplos mostrados a seguir ilustram a importância da limpeza nos serviços de manutenção.

Exemplo 1 – Suponha em uma fábrica de cimento existam equipamentos que possuem mancais do tipo mostrado na Figura 3.73. A caixa de mancal, com mancal de deslizamento, lubrificados a óleo, tem na sua parte superior "copo para reposição óleo" (ver Figura 3.73).

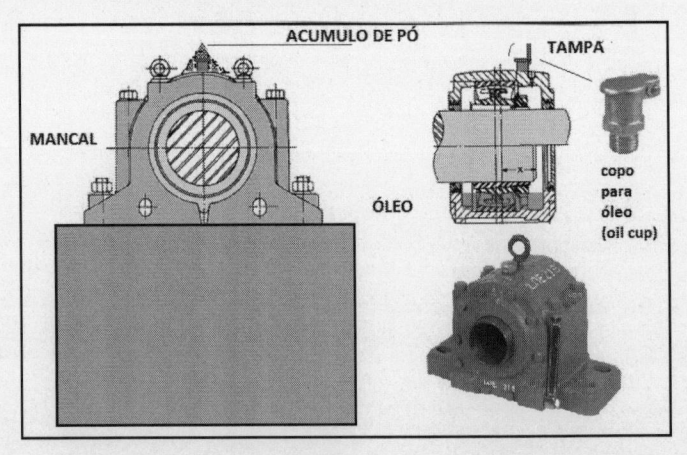

Figura 3.73 – Caixa de mancal com mancal de deslizamento lubrificada à óleo

Pelo fato do mancal estar instalado em local com muita poeira, oriunda do processo de fabricação, ocorre deposição de pó sobre a caixa de mancal, incluindo o "copo de reposição de óleo".

Caso o inspetor de manutenção ou o lubrificador não tomem o cuidado de limpar adequadamente, retirando todo o pó depositado sobre o copo de reposição de óleo, ao abrir a sua tampa, parte do pó acumulado entrará no mancal e contaminará o óleo lubrificante.

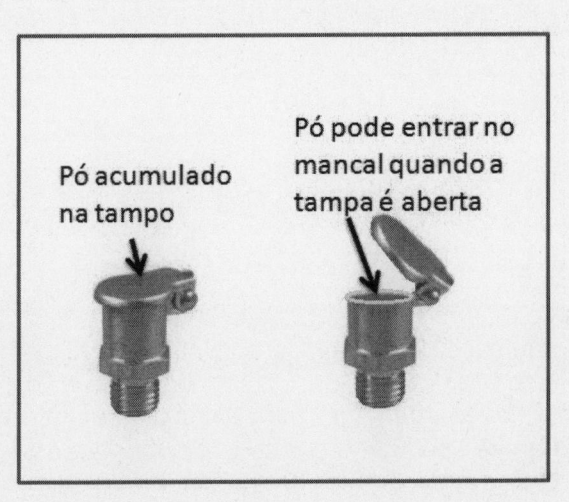

Figura 3.74 – Possibilidade de contaminação do óleo pelo pó acumulado

Exemplo 2 – A Figura 3.75 mostra dois sistemas hidráulicos. O da esquerda apresenta muita sujeira depositada sobre o tanque de óleo, motor e tubulações. A cor verde da pintura deu lugar ao cinza escura da sujeira misturada com óleo sobre o tanque. Já o sistema à direita da figura está bem limpo a ponto de refletir a lâmpada de iluminação do ambiente sobre o tanque de óleo.

A contaminação provoca 80% de todas as falhas dos sistemas de óleo. Esta contaminação toma a forma de materiais insolúveis, tais como metais, partículas de pó de areia e borracha. As partículas menores, aquelas abaixo de 2 micra, mais conhecidas como depósitos de sedimentos, resina ou oxidação, são muitas vezes responsáveis por defeitos.[20, 21]

Comparando os dois sistemas, podemos inferir que:

Figura 3.75 – Sistemas hidráulicos

- O tempo necessário para fazer a inspeção do sistema à direita da figura será muito menor do que do outro. Não se consegue definir com exatidão possíveis vazamentos em sistemas mal cuidados e sujos. Possivelmente esse sistema da esquerda já apresenta um ou mais vazamentos;
- Contaminação é o maior problema dos sistemas hidráulicos e dos sistemas de lubrificação também. A chance de se introduzir elementos estranhos ao óleo em um local sujo é obviamente muitas vezes maior;
- Em casos de contaminação no sistema, em que seja necessária a substituição de todo inventário de óleo, o tempo necessário para o serviço será elevado pelas seguintes razões:

1. Retirada de todo óleo do sistema;
2. Limpeza do sistema para garantir que não já resquícios do óleo contaminado;
3. Colocação do óleo novo;
4. Circulação do sistema para teste;
5. Análise do óleo novo para verificar o seu estado.

- Os custos resultantes dos serviços no item anterior serão:

Item	R$
Custo da Mão de obra direta de manutenção	
Custo da Mão de obra indireta de manutenção (supervisão)	
Custo do Óleo hidráulico substituído	M
Custo dos Filtros de óleo	
Custo dos Materiais diversos aplicados no serviço	
Custo da Indisponibilidade causada pela necessidade da troca de óleo = Total horas paradas x custo da perda de produção/hora	P

- O custo final (total) será o somatório de M + P. No entanto, o valor de P será muitas vezes mais elevado do que o valor de M. Ou seja, o custo da indisponibilidade é extremamente mais alto do que os custos de manutenção. O que infelizmente ocorre é que em grande parte das empresas o custo de manutenção é conhecido ou computado, mas o custo da perda causado pela indisponibilidade não.

Exemplo 3 – Painéis elétricos, segundo os eletricistas, têm na poeira e umidade seus dois maiores inimigos. A limpeza é um fator fundamental para o bom funcionamento dos painéis elétricos tanto assim que, atualmente, as subestações industriais são pressurizadas e climatizadas.

Além da limpeza, outro fator de importância é a garantia de que o que está nos desenhos é exatamente o que está instalado no campo ou na subestação. Quando isso não acontece corre-se o risco de acidentes pessoais, curtos circuitos, desligamentos repentinos e, consequentemente, prejuízos decorrentes de indisponibilidade.

A Figura 3.76 mostra fotos de painéis elétricos. As fotos da esquerda mostram painéis onde existe acúmulo de pó e desorganização / falta de identificação dos componentes e cabos. As fotos da direita mostram painéis adequados.

Um fato que deve ser sempre levado em consideração é: evitar a entrada de poeira e umidade sempre é muito mais fácil do que ter que limpar ou secar todos os elementos instalados em um painel elétrico. Isso vale também para painéis de instrumentação e controle.

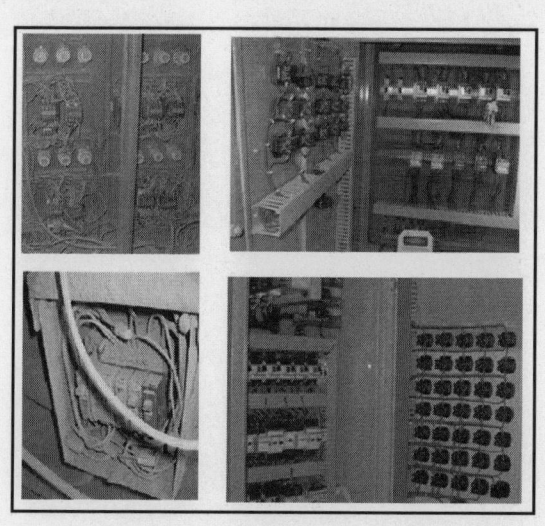

Figura 3.76 – Painéis elétricos

Capítulo 4
Cases

Neste capítulo são apresentados 3 casos que mostram como a Manutenção Preditiva concorre para a melhoria dos resultados da empresa.

O primeiro caso, cedido pela Ázima DLI, mostra a aplicação da Manutenção Preditiva pela Marinha dos Estados Unidos. Observar que esse programa, que já é aplicado desde 1970, influi na definição dos serviços a serem feitos durante as paradas do navio em estaleiro para revisões gerais (analogamente às paradas que ocorrem em indústrias de processamento contínuo).

O segundo caso, cedido pela MGS Tecnologia, descreve uma ocorrência em uma mineração de ouro no Estado de Minas Gerais. Neste caso, é apresentada uma relação entre os custos de manutenção e os custos da perda de produção que, por si só, são suficientes para atestar a importância da análise e diagnóstico prévios para reduzir a indisponibilidade e os custos dela decorrentes.

O terceiro caso, também cedido pela MGS Tecnologia, descreve a aplicação de Manutenção Preditiva em uma fábrica de autopeças. A máquina analisada é uma injetora de plástico e também aqui são mostrados os aspectos econômicos que envolvem a indisponibilidade e a consequente perda de produção.

Os 3 casos permitem, dentre outros, comprovar que:

- A Manutenção Preditiva tem largo espectro de aplicação;
- Os custos decorrentes da indisponibilidade são muitas vezes maiores do que os custos de manutenção (reparo);
- A aplicação da Manutenção Preditiva, através de um programa sistematizado contribui fortemente para a redução dos custos nas organizações.

4.1 - Aplicação de Manutenção Preditiva em Porta Aviões na usnavy

Informe Técnico

Estudo de Custo Benefício do Programa de Análise da Condição de Máquinas (MCA) nos Porta-Aviões dos EUA

Loren Cleven, P.E., Azima DLI

Introdução

Os porta-aviões da Marinha dos EUA são ativos móveis importantes, compostos por equipes com mais de 5000 pessoas. Cada um deles funciona como um aeroporto flutuante autossustentado e um território soberano dos EUA. Quando mobilizados, eles operam com seu próprio código postal, correio, hospital, clínica dentária, barbearias, instalações desportivas e capelas. Denominados como cidades flutuantes, na realidade eles são como uma planta industrial flutuante. Dentro da área de 4,5 acres (18.207m²) do porta-aviões, estão mais de 500 máquinas rotativas relevantes, que fazem parte da condição "pronta para a missão" da embarcação, também conhecido pelo operador de uma planta industrial como sendo a condição de "disponibilidade da planta". Devido à natureza da missão do porta-aviões, períodos de indisponibilidade não somente colocam seu próprio pessoal em risco, como impactam na segurança da nação e nos interesses dos EUA que ele defende. A disponibilidade é levada extremamente a sério na Marinha dos EUA.

Os porta-aviões têm utilizado tecnologias de análise de condição de máquinas para incrementar a sua disponibilidade, reduzir os custos de manutenção e orientar o planejamento de reparo das máquinas desde meados dos anos 1970. A Azima DLI, (na época Diehl & Lundgaard, Inc. e subsequentemente, DLI Engineering Corp.), desempenhou um papel chave auxiliando a Marinha no projeto e na execução de um programa muito eficiente de **Análise de Condição de Máquina** (MCA). Sistematicamente, o MCA economiza para os porta-aviões o equivalente a 10 milhões de dólares por ano, com apenas uma pequena parte deste valor investido no programa. Ainda que a vantagem real seja o aumento na disponibilidade para a missão, este documento irá enfocar todo o "custo-benefício" alcançado pelo programa MCA.

Os planejadores de manutenção dos porta-aviões usam as informações fornecidas pelo programa de MCA para definir os pacotes de serviço, com foco na disponibilidade, desde 1970. A Azima DLI foi a principal contratada do governo para o MCA (Machine Condition Analysis) e

Informe Técnico

SFMVA (Ships Force Machinery Vibration Analysis Team) de 1978 até 2006. Desde 2006, o Grupo Lightship é o principal contratado e a Azima DLI tem operado como uma subcontratada deste Grupo. A condição específica de cerca de 450 unidades de máquinas rotativas em cada embarcação é definida trimestralmente. Os resultados são rastreados com mais frequência para dar suporte à decisão se a máquina deverá ser reparada ou "completamente revisada", ou se o cronograma de trabalho pode ser postergado. Essa informação tem tornado o processo de planejamento da manutenção e reparo mais preciso e eficaz em termos de custos, reduzindo a incidência de falhas e trabalho urgente nessas máquinas.

Levantamentos Conduzidos pelas Contratadas

Aproximadamente seis meses antes do período de reparo em estaleiro uma equipe da contratada, composta por três homens, vai a bordo do navio e trabalha em conjunto com a equipe denominada **Força Naval para Análise de Vibração nas Máquinas (SFMVA)**, para completar um estudo de MCA(Análise da Condição das Máquinas). Juntamente com os testes de vibração, são realizadas inspeções visuais das máquinas e são obtidos pareceres dos operadores. Um relatório preliminar de MCA é emitido para os oficiais-engenheiros à bordo e um relatório de MCA final, que foi revisado por grupos-chave de engenharia da Marinha, é distribuído a todas as partes interessadas do navio pelo oficial do Comando das Forças Aeronavais (CNAF), dentro de 23 dias do retorno da equipe de estudos da contratada. Os planejadores de manutenção do CNAF e os programadores de serviços (TYCOMs- Type Commanders) usam o relatório de MCA para reduzir o escopo da parte do maquinário no pacote de serviço de reparo em estaleiro. O Resumo dos Benefícios (item 2 abaixo) representa a economia potencial, caso os planejadores sigam todas as recomendações do MCA.

Após metade do período de reparo no estaleiro, é conduzido um estudo de acompanhamento por uma equipe da contratada. Este estudo de MCA fornece garantia da qualidade dos reparos executados, confirma as novas configurações do maquinário e documenta a disponibilidade do maquinário após esse período.

Levantamentos Conduzidos pelo Pessoal do Navio

A força de trabalho do navio é treinada anualmente e equipada com coletores de dados de vibração usados para inspecionar seu próprio maquinário. Os dados coletados pela SFMVA são analisados a bordo e os resultados são usados para programar a Manutenção Baseada na Condição (CBM) durante o curso. Os resultados são enviados à contratada, mensalmente, para revisão e inclusão em estudos estatísticos.

Resultados do Programa em 2010

O programa de MCA realizou 5 estudos de disponibilidade para reparo em estaleiro durante o ano fiscal da Marinha em 2010. A contratada testou 1894 máquinas durante os estudos de MCA e o pessoal nos navios testou 7063 máquinas durante o ano, perfazendo um total de 8957 máquinas testadas.

Informe Técnico

As recomendações da SFMVA dos navios, que podem ser redundantes com os estudos MCA da contratada não foram contabilizados nesse estudo. Entretanto, os relatórios de MCA produziram o seguinte número de recomendações para o maquinário não nuclear:

Classe do Reparo \ Prioridade	Desejável	Importante	Mandatório
Revisão geral	11	13	11
Reparo de item específico	88	114	25
Inspecionar ou monitorar o componente	Não considerado no estudo		

O custo total do programa foi de US$ 1,243,000 incluindo os custos da contratada e da administração governamental. Consequentemente, o custo em conduzir o MCA e SFMVA foi de US$139 por teste de cada máquina.

A economia do programa e o custo para o maquinário não nuclear, como definido e calculado neste estudo, foram de US$ 25,783,480 e US$1,068,980 respectivamente, resultando em uma razão Custo Benefício **de 1 para 24.1** Este é um cálculo conservador. A seção "Resumo de Vantagens" a seguir, lista várias áreas de economia do programa ;a maior parte delas é difícil de quantificar precisamente e não foi incluída na avaliação de custo desse estudo.

O estudo de custo benefício foi feito, considerando as práticas de planejamento e os custos de reparo do maquinário no ano fiscal de 2010. Estudos de custo benefício anteriores foram completados, usando critérios relevantes para os processos de planejamento e custos naqueles anos. Algumas relações anteriores de custo benefício foram:

	1977	1988	2000	2001	2002	2003	2004
Custo: :Benefício	1 : 18.8	1 : 19.0	1 : 19.5	1 : 20.0	1 :20.9	1 : 23.0	1 : 12.3

	2005	2006	2007	2008	2009	2010	
Custo: :Benefício	1 : 16.6	1 : 28.2	1 : 12.4	1 : 14.5	1 : 12.1	1 : 24.1	

As relações custo benefício para anos fiscais de 2004, 2007 e 2008 foram baixas, porque apenas dois estudos naqueles anos apresentaram reduções no pacote de serviços do estaleiro. A relação no ano fiscal de 2006 foi alta, cobrindo apenas 6 meses.

Informe Técnico

Resumo dos Benefícios

Abaixo estão listadas as descrições de oito benefícios fornecidos pelo programa de MCA, onde cada item gera economia no custo de reparo e outros benefícios. Os itens 1 e 2, menos o 3, são usados nesse estudo. Os cinco benefícios restantes são positivos, mas difíceis de quantificar objetivamente.

1. **Prevenção do dano progressivo à máquina através da detecção precoce dos problemas.** A correção dos problemas encontrados durante os estudos de MCA previne a subsequente deterioração da máquina e a falha. Vítimas e danos, que podem afetar as operações ou a segurança, são evitados, assim como uma revisão geral de emergência ou reparo de grandes proporções.

    Economia de US$2.059.480,00

2. **Melhoria na seleção das máquinas para revisão geral, durante os períodos de revisão geral ou reforma (Planned Incremental Availability – PIA)** Nunca há dinheiro suficiente para revisão geral em todo o maquinário. O relatório de MCA fornece as recomendações específicas de reparos a serem executadas durante o PIA. Esta informação é objetiva e aumenta a precisão da seleção de máquinas para revisão geral. Ele gera um benefício financeiro para a Classe CVN68 de navios, eliminando várias revisões gerais do Planejamento Incremental de Manutenção (IMP), listadas no pacote de serviços Ele também elimina o trabalho sem justificativa mencionado no Projeto de Manutenção Atual do Navio (CSMP).

    Economia US$ 23.724.000,00

3. **Seleção aprimorada das máquinas para revisão geral durante os períodos industriais de Revisão Geral Ampla (COH) ou Revisão Geral Ampla Restrita (RCOH).** Embora as máquinas da planta sejam sempre revisadas, algumas máquinas da planta e

auxiliares, podem ser eliminadas daquelas listadas no pacote de serviços. **Economia N/A**
4. **Identificação dos reparos específicos necessários, em vez de uma revisão geral completa.** Uma economia considerável nos custos é obtida pela redução do número de revisões gerais completas de unidades, somente executando os reparos específicos recomendados. O programa de MCA auxilia nesta abordagem indicando os componentes e recomendando revisão geral das unidades somente quando elas são realmente necessárias. A limitação do escopo do reparo frequentemente permite à equipe do navio a opção de fazer o trabalho.
5. **Redução dos reparos após o período de disponibilidade usando dados de vibração da máquina para garantia da qualidade durante e depois dos períodos industriais.** Pesquisas de vibração após o reparo são executadas no estaleiro, pela equipe do navio e/ou pela contratada. Todos os testes usam critérios de aceitação de vibração estabelecidos pelo programa de MCA. Os problemas causados inadvertidamente durante uma revisão geral podem ser descobertos e corrigidos durante o período de garantia. Pesquisas completas

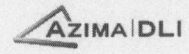

Informe Técnico

6. encontrarão problemas em outras máquinas, não selecionadas para reparo, que se desenvolveram imediatamente antes ou durante o período de disponibilidade.
7. **Priorização da operação do maquinário e redução na carga de trabalho da equipe do navio.** A equipe da contratada de MCA apresenta um relatório ao navio, listando a condição do maquinário e todos os reparos recomendados (Classe B, C e D). O relatório permite que o navio priorize as horas de operação do maquinário e siga as práticas CBM, só fazendo os reparos que estiverem dentro de sua capacidade. O CBM estende a vida da máquina e reduz a carga de trabalho no navio. Este benefício ocorre sempre a bordo através da SFMVA.
8. **Redução dos custos de manutenção de longo prazo identificando problemas recorrentes que podem ser resolvidos permanentemente.** O Relatório Histórico de MCA de todos os porta-aviões revela falhas recorrentes e comuns ocorridas nos últimos 5 a 6 anos. Problemas da classe da máquina ou problemas sistêmicos são identificados e quantificados. Partin-

do desses dados, pode-se fazer o prognóstico dos benefícios operacionais, de manutenção e de custo para vida residual do navio. Os planejadores podem decidir se reparam a falha ou substituem partes inteiras das máquinas.
9. **Suporte ao setor de compras para reparo de componentes e programação da mão de obra antes do período industrial.**
Quando um porta-aviões entra no período de disponibilidade no estaleiro para reparo, independentemente do tempo que ele estiver lá, o conhecimento anterior de que máquinas serão trabalhadas, e que trabalho será feito, aumenta enormemente a eficiência. Ter os componentes corretos à mão e os operários preparados melhora sensivelmente a possibilidade de terminar o trabalho em tempo e dentro do orçamento.

Dados Analisados

Testes Conduzidos nas Máquinas

Durante o ano fiscal de 2010, foram conduzidos 8957 testes de máquinas pela equipe (força) do navio e da contratada. O custo total do programa dividido por esse número de testes representa um custo de $139 por teste de máquina.

Informe Técnico

Estudos de Vibração

Os resultados de vibração dos 5 estudos de MCA foram analisados.

Classe do Navio	Data de Término	Nome do Estudo
CVN72	01/Mai/2010	POST - FY09 PIA3
CVN74	04/Abr/2010	PRE - FY10 PIA2
CVN69	09 /Mai/2010	PRE - FY10 PIA2
CVN68	29/Set/2010	PRE - FY11 DPIA3
CVN75	30/Set/2010	PRE - FY11 DPIA3

O primeiro estudo de MCA listado acima foi conduzido para a detecção de falhas, suporte das operações diárias, desenvolvimento do pacote de serviços ou testes de garantia da qualidade. Os quatro estudos de MCA restantes foram conduzidos para reduzir os pacotes de serviços para disponibilidades PIA2 ou DPIA3.

Grupos de Máquinas Analisados

Existem 88 grupos de máquinas incluídos na porção custo benefício dessa análise. Geralmente, esses grupos de máquinas incluem turbinas, motores, ventiladores, bombas, compressores, redutores, geradores e centrífugas. Eles não são identificados individualmente neste informe técnico por solicitação da Marinha.

Os grupos de máquinas nucleares, que totalizam 17% do programa, não estão incluídos nos cálculos da razão benefício/custo.

Análise da Relação Custo Benefício

Benefício Item 1 - Prevenção de Danos Progressivos da Máquina através da Detecção Precoce dos Problemas – Método de Análise:

Premissas:

São as seguintes as premissas usadas na análise deste item de benefício.

1. A detecção precoce das falhas nas máquinas é um benefício que se aplica a todos os porta-aviões e é derivado daqueles estudos não relacionados à redução dos pacotes de trabalho no estaleiro.
2. As falhas das máquinas resultantes em recomendações de reparo, se não corrigidas, resultarão em um possível risco de falha da unidade. Estes riscos são estimados como:
a) 20% para uma recomendação desejável;
b) 60% para uma recomendação importante;
c) 100% para uma recomendação mandatória.

Informe Técnico

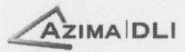

3. A falha da unidade é definida como o desenvolvimento de uma falha na máquina, séria o suficiente para requerer uma revisão geral de um ou mais dos principais componentes (bomba, motor, turbina etc.).
4. Na ausência de um programa de MCA, os reparos específicos recomendados não seriam provavelmente executados, pois eles não seriam prontamente identificados. Apenas as revi-

sões gerais completas seriam realizadas e, isto seria feito após a falha ou em uma programação específica (ex. todos os outros períodos industriais).
5. Na ausência de um programa de MCA, certo número de unidades que teriam recebido recomendações para reparo iria falhar de acordo com os fatores de risco associados estimados, resultando nos correspondentes, mas evitáveis, custos de revisão geral completa.
6. Na presença do MCA, 100% das recomendações de reparo específicas <u>Importantes</u> e <u>Mandatórias</u>, e 25% das recomendações <u>Desejáveis</u>, resultarão na execução real dos reparos recomendados.
7. Os custos das revisões gerais completas estão baseados nas estimativas de custo do Plano de Manutenção Incremental (IMP) de Porta-Aviões classe CVN68. Os custos dos reparos específicos são estimados como 10% das revisões gerais completas.

Cálculos:

O custo total de todos os reparos específicos recomendados pelo programa de MCA foi calculado usando custos estimados, como registrado na Premissa 7 e de acordo com as Premissas 5 e 6. A economia gerada pela detecção precoce e reparo das falhas, evitando revisões gerais de emergência, é calculada da seguinte forma:

$$S = \Sigma^D (0.25)(PC-0.1C) + \Sigma^I (PC-0.1C) + \Sigma^M (PC-0.1C)$$

Onde:

S = Economia gerada pela detecção precoce das falhas
P = Probabilidade de um componente da unidade precisar de uma revisão geral completa:
  de 0.2 para uma recomendação Desejável
  de 0.6 para uma recomendação Importante
  de 1.0 para uma recomendação Mandatória
C = Custo de uma revisão geral completa de um componente da unidade
$0.1C$ = Custo de um reparo específico de um componente da unidade

Informe Técnico

D = Recomendações Desejáveis
I = Recomendações Importantes
M = Recomendações Mandatórias

Σ^D (0.25)(0.2-0.1)C =   0.25 x $177,800   =   US$ **91.175,00**
Σ^I **(0.6-0.1)C =**   US$ **1.597**.500,00
Σ^M (1.0-0.1)C =   US$ 370.800,00

S	=	US$ 2.059.480,00

Benefício Item 2 – Seleção Aprimorada de Máquinas para Revisão Geral Durante os Períodos Industriais PIA – Método de Análise:

Premissas:

São as seguintes as premissas usadas na análise deste item de benefício.

1. Este benefício se aplica somente aos porta-aviões da Classe CVN68, porque estes navios têm um Plano Incremental de Manutenção (IMP) que projeta antecipadamente o número de revisões gerais completas a serem realizados durante cada PIA para a maioria dos grupos de máquinas.
2. Entre 0% e 30% das máquinas em cada grupo são programadas para revisão geral durante uma próxima disponibilidade.
3. O programa de MCA aumenta a precisão do processo de seleção, de modo que seja antecipado que nenhuma revisão geral classe B será feita na falta de uma real necessidade de uma revisão geral.
4. Os custos de revisão geral para as máquinas da Classe CVN68 foram extraídos do IMP da Classe quando disponíveis.
5. Para ser conservador na estimativa da economia, supomos que cada recomendação seria feita como uma revisão geral completa. Isto aumenta o custo antecipado do programa, mas o enfoque elimina a possibilidade de subestimar os custos e inflacionar os benefícios. Por exemplo, se a recomendação

for substituir os mancais do motor, com um custo de $5,000, nós usamos o custo de $15,000 relativo a uma revisão geral completa do motor.

Informe Técnico

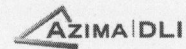

Cálculos

A economia devida à seleção aprimorada, representa o valor do dinheiro economizado por não se fazer revisões gerais desnecessárias. Ele representa a economia obtida, eliminando-se as máquinas que irão funcionar com confiabilidade até a próxima disponibilidade. A economia é calculada da seguinte maneira:

$$S = A - R$$

Onde:

S = Economia estimada devido ao aprimoramento na seleção da revisão geral

A = Custo planejado antecipado das revisões gerais, baseado nos números do PIA (IMP).

R = Custo recomendado das revisões gerais, baseado nas recomendações específicas e de revisão geral.

A	=	US$26.434.000,00
R	=	(US$ 2.710.000,00)
S	=	**US$ 23.724.000,00**

Total da Economia com os Benefícios e Custos do Programa – Método de Análise:

Premissas

São as seguintes as premissas usadas na combinação destes itens.

- A economia relativa ao Benefício Item 1 foi calculada como sendo o custo das revisões gerais completas menos o custo das recomendações de reparo específico em estudos de MCA, sendo um destes estudos anterior ao período de disponibilidade e quatro após este período.

- A economia relativa ao Benefício Item 2 foi calculada como sendo o custo das revisões gerais completas planejadas, menos o custo das revisões gerais completas para todas as recomendações de reparo específicas e revisões gerais em dois estudos anteriores à disponibilidade.
- As economias relativas aos Benefícios Item 1 e 2 podem ser somadas.
- Os custos do programa de MCA são os valores das tarefas financiadas no ano fiscal de 2010 usados pela contratada e o valor estimado em US$100.000,00 para a administração do contrato pela CNAF.
- O custo total do programa é conservadoramente reduzido em 14% (65 das 450 máquinas em cada estudo) para eliminar os custos de testes nas máquinas nucleares, cuja economia relativa ao benefício não foi considerada neste estudo.

Informe Técnico

Cálculos

A razão custo benefício para a parte não nuclear do programa é então calculada da seguinte maneira:

$$\text{Benefício/Custo} = \frac{(\text{Benefício Item 1}) + (\text{Benefício Item 2})}{(0.85)(\text{Custo da Contratada} + \text{Custo Admin.})}$$

Então:
Economia Benefício 1 = US$ 2.059.480,00
Economia Benefício 2 = US$ 23.724.000,00

Total de Benefícios do Programa = US$ 25.783.480,00

Custo da Contratada = US$ 1.143.000,00
Custo de Admin. = US$ 100.000.00

Total do Custo do Programa = (0.85) ($925,000) = **US$ 1.068.980,00**

Programa Benefício /Custo 2010 = US$25.783.480,00 / US$ 1.068.980,00 = **24.1 / 1**

Conclusão

Informe Técnico

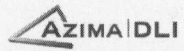

O programa de MCA em porta-aviões é um dos maiores programas de monitoramento de condição de máquinas, em funcionamento, há mais tempo, no mundo. Desde seu começo nos anos de 1970, seus benefícios com relação aos custos têm provado, através de estudos, o que é descrito neste informe e tem encorajado a Marinha na mudança da manutenção com base no tempo para a manutenção com base na condição. A experiência acumulada na implementação dessa escala de monitoramento da condição por um período tão longo, resultou no desenvolvimento e implementação de metodologia altamente eficiente e automação por software usado hoje na indústria comercial pela Azima DLI e por sua base inteira de clientes comerciais.

Sobre o Autor

Loren Cleven possui o grau de Bacharel em Ciências da Engenharia e Física Aplicada, é um Engenheiro Profissional licenciado; Engenheiro Mecânico e possui a certificação de Categoria III do Vibration Institute (1996). Loren está na Azima DLI por 37 anos e é o Gerente do Programa de MCA na Divisão de Serviços do Governo desde 1997. Suas atividades técnicas atuais incluem o gerenciamento do programa de análise da condição do maquinário nos porta-aviões da Marinha dos EUA, executando avaliações da condição do maquinário e dos sistemas mecânicos, baseadas em análise de vibração, instruindo alunos em análise de vibração e revisando os relatórios preparados por outros engenheiros da Azima DLI.

Sobre a Azima DLI

A Azima DLI é o principal fornecedor de monitoramento preditivo baseado na condição das máquinas e serviços de análise que se alinham com os elevados padrões dos clientes quanto à confiabilidade, disponibilidade e tempo em atividade. A Azima DLI utiliza modelos flexíveis de implantação, software de diagnóstico de eficácia comprovada e competência analítica incomparável para fornecer programas de manutenção baseados na condição, de forma sustentável, expansível e econômica. As soluções abrangentes da companhia permitem aos clientes a escolha

de programas detalhados e comprovados que garantem a disponibilidade do ativo e maximizam a produtividade.
www.azimadli.com

4.2 – Ocorrência em Motor de uma Injetora de plásticos

	Diagnóstico de Falha Motor da Injetora de Plásticos
MGS Tecnologia	

1 – Introdução

A adoção de um programa sistematizado de Manutenção Preditiva é uma decisão gerencial que traz grandes resultados para as empresas. Este *case* apresenta a análise de custos relativa à ocorrência no motor de uma injetora de uma empresa fornecedora para a cadeia de autopeças de indústria automobilística.

A MGS TECNOLOGIA é uma empresa que, desde 1995, atua na prestação de serviços de Manutenção Preditiva e de Engenharia de Manutenção representando ainda empresas como a Pruftechnik e Flir.

2 – Equipamentos e Monitoramento

A MGS Tecnologia tem contrato de prestação de serviços de manutenção preditiva na planta da empresa acima citada, contrato esse que engloba serviços de acompanhamento de vibração de máquinas envolvendo medição, análise e diagnóstico de vibração e termografia.

Uma dessas máquinas é uma Injetora, cujo desenho típico está mostrado na figura 1.

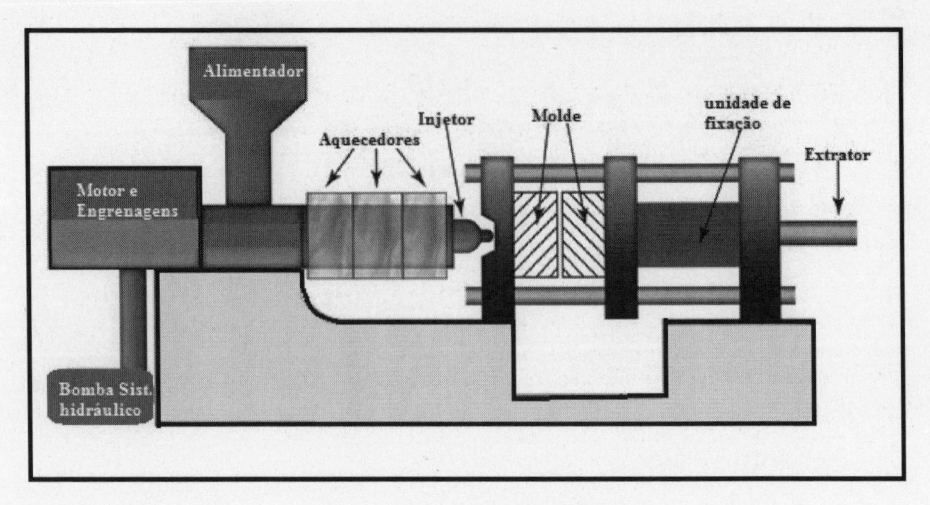

Figura 1 – Injetora de plástico

A injetora tem capacidade possui um sistema hidráulico com 2 bombas acionador por motores elétricos assíncronos, mostrados na foto da Figura 2.

Ambos os mancais dos motores elétricos são rolamentos fixos de 1 carreira de esferas 6317-C3, com lubrificação à graxa, rotação 1800 rpm.

Figura 2 – Foto dos motores do sistema hidráulico da injetora

| | Diagnóstico de Falha |
| | Motor da Injetora de Plásticos |

O monitoramento de vibração, pela MGS TECNOLOGIA, emprega coletor de dados Vibexpert da Pruftechnik sendo os dados colhidos tratados no software Omnitrend.

Na análise de vibração de rolamentos, é adotadas nomenclatura específica como indicado:

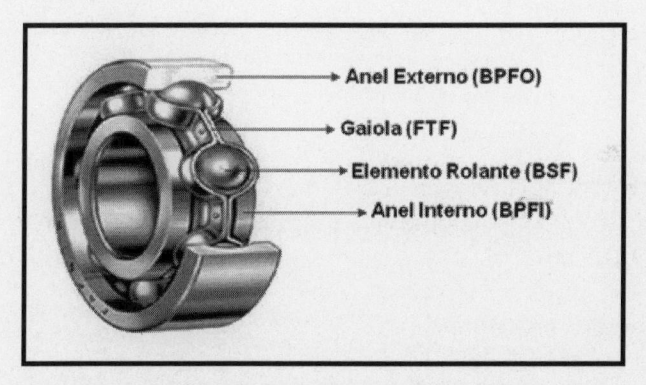

Figura 3 – Identificação das partes do rolamento

Na análise da vibração, são feitas as seguintes verificações:

- BPFO – *ball pass frequency outer*
- BPFI – *ball pass frequency inner*
- BSF – *ball spin frequency*
- FTF - *fundamental train frequency*

3 – DADOS DO ACOMPANHAMENTO PREDITIVO

Foi diagnosticado, através de análises espectrais, excitações em torno das frequências de Anel Interno (BPFI) e de anel externo (BPFO) do rolamento.

1. Rotação da gaiola: $FTF = S/2 \, (1 \pm d/D \cdot \cos \emptyset)$
   - para a pista externa estacionária
   + para a pista interna estacionária

2. Rotação do elemento rolante: BSF = $\dfrac{S \cdot D}{2 \cdot d}$ [1- (d/D . cos Ø)^2]

3. Passagem de elementos pela pista externa: BPFO = $\dfrac{S \cdot n}{2}$ (1 - d/D . cos Ø)

4. Passagem de elementos pela pista interna: BPFO = $\dfrac{S \cdot n}{2}$ (1 + d/D . cos Ø)

Onde:
S = Si = Se
Se = frequência de rotação na pista externa
Si – frequência de rotação na pista interna
d – diâmetro dos elementos rolantes
D – diâmetro primitivo
N = número de elementos rolantes
Ø – ângulo de contato

	Diagnóstico de Falha **Motor da Injetora de Plásticos**

Constatou-se que:
O mancal lado acoplamento do motor elétrico bem como o envelope de espectro, apresentava destaque para a frequência de 322,5 Hz (4º harmônico de frequência de falha do anel externo (BPFO) do rolamento) e apresenta evoluções nos níveis globais de vibração chegando à amplitude de 107,24 m/s^2.

No espectro de velocidade, também é possível observar destaque para a frequência de 322.5 Hz com amplitude de 3,51 mm/s, caracterizando falha no anel externo do rolamento. Ver Figura 3.

Nessa situação, a condição era de atuação em caráter emergencial.

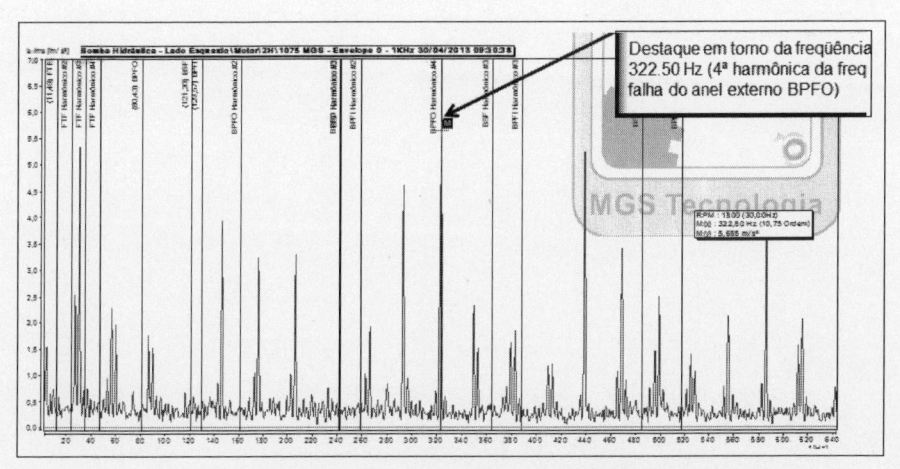

Figura 3 – Espectro de velocidade

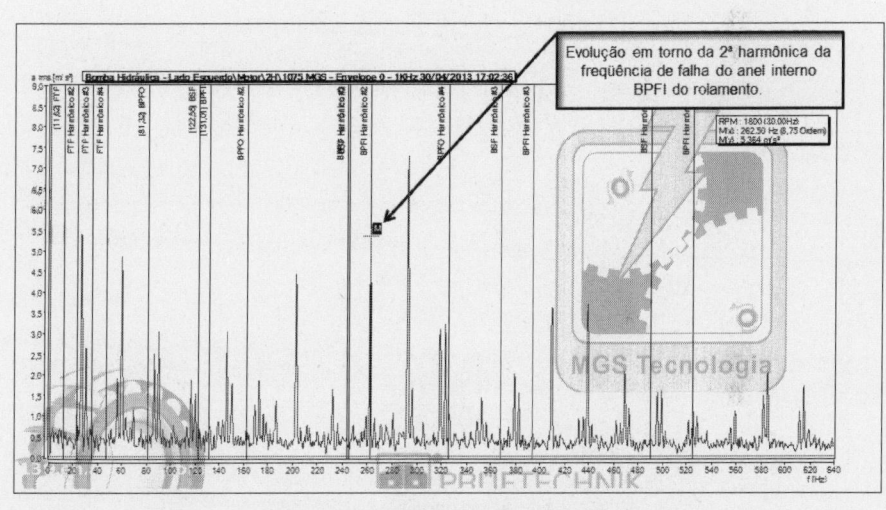

Figura 4 – Espectro de aceleração

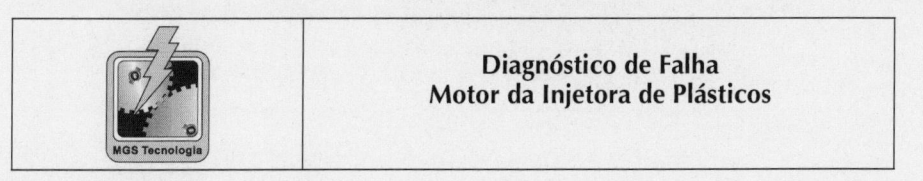

**Diagnóstico de Falha
Motor da Injetora de Plásticos**

O gráfico de tendência está mostrado na Figura 5. Através do acompanhamento da tendência, subsidiado pelos espectros foi diagnosticada a necessidade de intervenção e feita a programação para troca do rolamento.

Manutenção Preditiva: Fator de Sucesso na Gestão Empresarial

Figura 5 – Gráfico de tendência

4 – Intervenção e Acompanhamento Após Reparo

Na abertura do equipamento foi confirmado o diagnóstico.
O rolamento apresentava *pittings* no anel externo, como mostrado na Figura 6

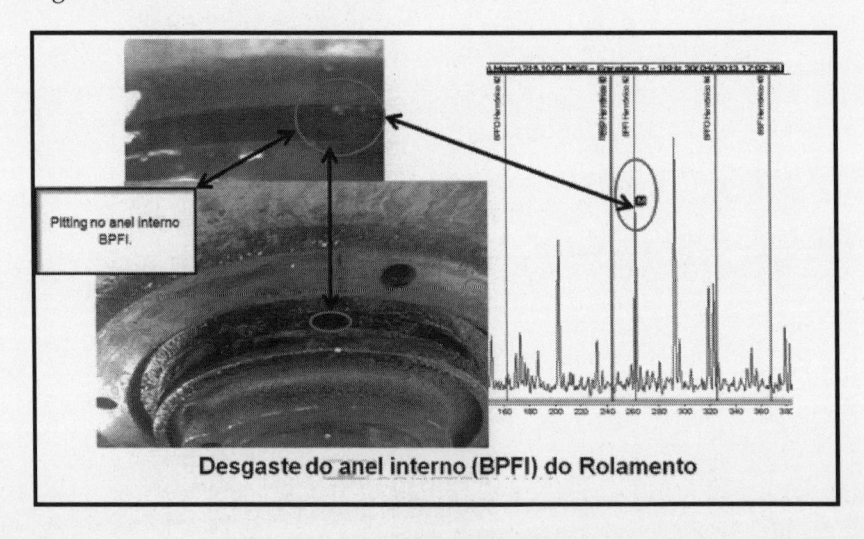

Figura 6 – Confirmação do diagnóstico do rolamento do motor que estava em operação

Após o reparo e colocação da motor em operação, foi feita a medição de vibração e o valor encontrado foi de 4,7 m/s² contra 107,24 m/s², que foi o valor máximo detectado antes da parada do equipamento.

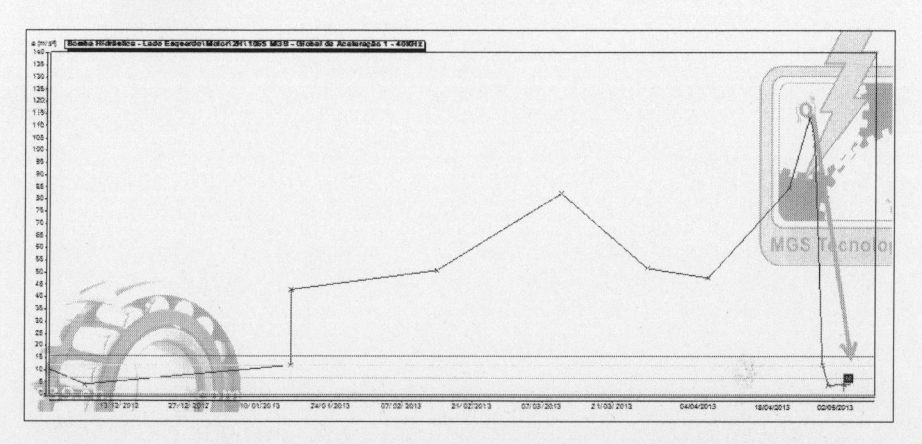

	Diagnóstico de Falha
MGS Tecnologia	Motor da Injetora de Plásticos

Figura 7 – Gráfico de tendência indicando a queda de vibração após a intervenção

No espectro da Figura 8 observa-se o desaparecimento das frequências determinísticas de falha do rolamento que apareciam nos espectros das figuras anteriores.

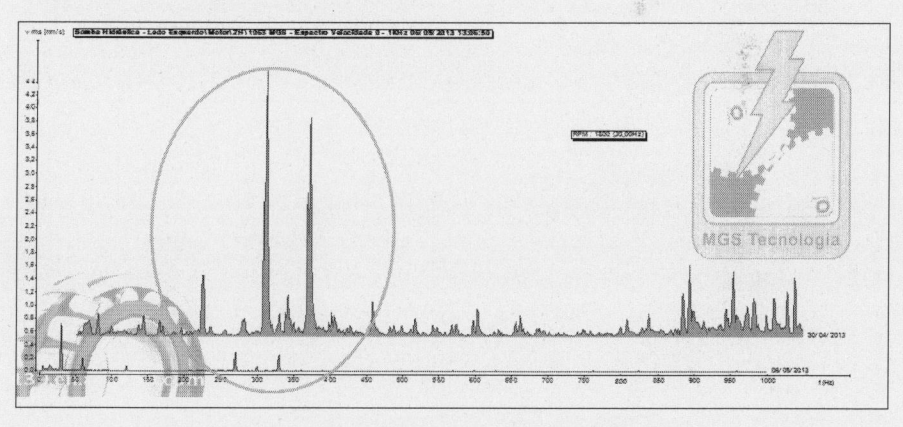

Figura 8 – Espectro após intervenção

Diagnóstico de Falha
Motor da Injetora de Plásticos

5 – Dados de Custo

A tabela abaixo mostra alguns dados que permitirão fazer duas simulações; uma para corretiva não planejada e outra aplicando manutenção preditiva e a correção planejada.

Item	Valor
Capacidade de produção por hora	36 peças
Valor de cada peça produzida	R$ 500,00

Caso o tipo de manutenção utilizado fosse manutenção emergencial ou corretiva não planejada, teríamos um tempo maior em função do não planejamento do serviço, acrescido do tempo necessário para aquisição do rolamento no mercado local. Nos grandes centros é possível comprar esse rolamento, mas em locais mais afastados ou se arca com o custo do imobilizado, por manter o rolamento em estoque ou se perde produção pela indisponibilidade do equipamento.

Item	Valor
Tempo estimado de paralização no caso de Manutenção Corretiva NÃO Planejada	15 horas
Perda de produção 36 peças x R$ 500,00/peça x 15 horas	R$ 270.000,00
Custo do rolamento 6317 C3 (unitário)	R$ 400,00
Custo mão de obra troca do rolamento	R$ 5.400,00
Custo total (perda de produção + custos do reparo)	R$ 275.800,00

Repare que o custo da perda de produção (R$ 270.000,00) é **46 vezes maior** do que o custo do reparo (R$ 5.800,00)

No caso da troca programada, em função do acompanhamento preditivo, é possível:

a) Fazer o reparo em um turno que não haja produção;
b) Caso a planta opere 24 horas por dia, o reparo pode ser programado para domingo ou feriado;
c) Caso a produção trabalhe 24 horas/dia, 7 dias por semana, o reparo programado implicará em uma paralização muito menor, de aproximadamente 5 horas.

A tabela abaixo, mostra os custos envolvidos em cada uma das 3 situações descritas acima (a, b, c).

	Diagnóstico de Falha Motor da Injetora de Plásticos
MGS Tecnologia	

Item	Situação a	Situação b	Situação c
Tempo estimado de paralização da produção para troca do rolamento (horas)	0	0	5
Perda de produção (R$)	0	0	90.000,00
Custo do rolamento 6317 C3 (unitário) (R$)	400,00	400,00	400,00
Custo mão de obra troca do rolamento (hora normal + 30% adicional) (R$)	2340,00	2340,00	2340,00
Custo total (perda de produção + custos do reparo) (R$)	2.740,00	2.740,00	92.740,00

6 – Comparação e Conclusão

Comparando-se as quatro situações simuladas, percebe-se que a atuação via Manutenção Preditiva e a consequente correção planejada, quando necessária, apresenta resultados que refletem tanto na preservação dos equipamentos quanto na redução de custos.

Forma de atuação		Custo total * (R$)	Relação	
Manutenção Corretiva Não Planejada	Paralização 15 horas	275.800,00	101	3
Manutenção Preditiva + Manutenção Corretiva Planejada	Paralização 5 horas	92.750,00	34	1
Manutenção Preditiva + Manutenção Corretiva Planejada	Paralização ZERO. Serviço realizado em turno sem produção	2.740,00	1	
Manutenção Preditiva + Manutenção Corretiva Planejada	Paralização ZERO. Serviço realizado domingo ou feriado	2.740,00	1	

O caso apresentado confirma que o acompanhamento preditivo, proporciona uma economia significativa por permitir, antecipadamente, o planejamento dos serviços. Na tabela anterior, caso possível a execução do serviço em horário ou dia sem produção, a economia chega a ser 101 vezes.

4.3 – Ocorrência em Motor de Moinho de Bolas em uma Mineração de Ouro

	Diagnóstico de Falha Motor do Moinho de Bolas

1 – Introdução

O *case* aqui descrito, mostra como a atuação do monitoramento de equipamentos rotativos, definidos como política pela gestão de uma empresa traz benefícios diretos e indiretos, dentre eles ganhos financeiros.

O equipamento foco deste caso é um conjunto moinho de bolas – redutor – motor elétrico de uma mineradora de ouro situada no Estado de Minas Gerais.

A MGS TECNOLOGIA é uma empresa que, desde 1995, atua na prestação de serviços de Manutenção Preditiva e de Engenharia de Manutenção representando ainda empresas como a Pruftechnik e Flir.

2 – Equipamentos e Monitoramento

O Moinho de Bolas tem a configuração mostrada na Figura 1, com acionamento por motor elétrico acoplado a um redutor que aciona o pinhão, este por sua vez, ligada à coroa que circunda a carcaça do moinho.

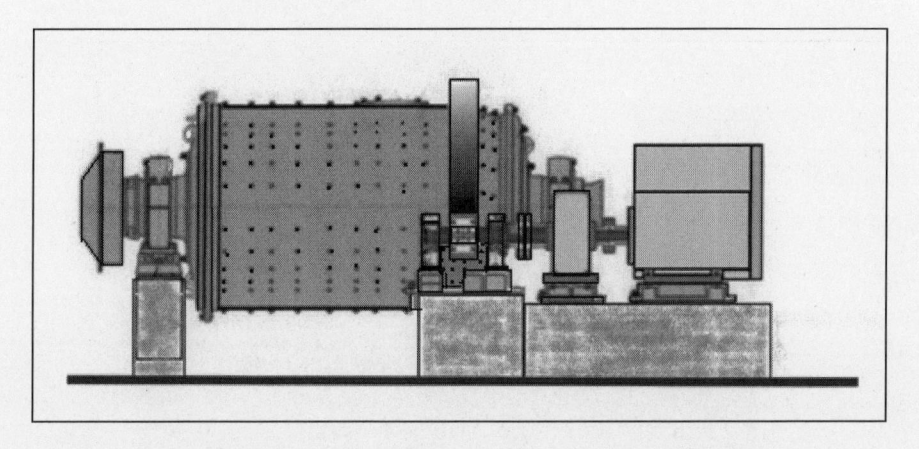

Figura 1 –Trem Moinho – Redutor – Motor elétrico

O acompanhamento preditivo desse conjunto é feito através de medição de vibração na carcaça, nos mancais do motor, do redutor e do moinho, com frequência de quinzenal.

Além da vibração são acompanhados:

- Óleo do redutor – retirada de amostras trimestrais para análise físico química.
- Temperatura dos mancais (se por acaso for medida)

3 – Informações Técnicas

Cerca de 40% das falhas em motores elétricos é causada por mancais de rolamentos [1]. Dependendo da extensão da falha no mancal, o *gap* existente entre o rotor e o estator do motor pode ser eliminado, ocasionando roçamento e consequente extensão de danos ao motor.

O que na prática é conhecido como "queima do motor" é o que ocorre quando há dano no enrolamento.

	Diagnóstico de Falha
MGS Tecnologia	Motor do Moinho de Bolas

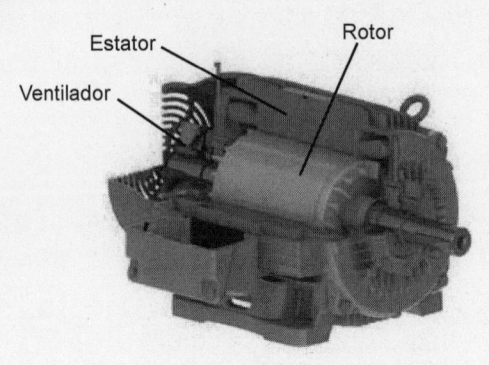

Figura 2 – Corte de um motor elétrico de indução

As considerações econômicas que se seguem, indicam os custos em função do nível de degradação / falha.

4 – Considerações Econômicas

De modo a permitir uma análise crítica, serão apresentadas 3 situações que permitirão a comparação de custos em função da decisão gerencial apoiada (ou não) pelo diagnóstico da preditiva.

4.1 – Manutenção Corretiva não planejada

<u>Vamos supor</u> que a opção gerencial tivesse sido manter o equipamento operando para não reduzir a produção. Vamos supor também que, quando ocorreu a falha do rolamento ocorreu roçamento entre rotor e estator levando à "queima" do motor. Como o motor podia ser reparado, mesmo após essa ocorrência, os custos envolvidos seriam:

Item	R$
Serviços de reforma do motor em firma especializada	300.000,00
Mão de obra adicional montagem e desmontagem, guindaste, alinhamento etc.	30.000,00
TOTAL (Custos da Correção)	R$ 330.000,00
	US$ 153.631,00

Os custos com a perda de produção, durante a reforma do motor elétrico, seriam:

Item	Valor
Tempo aproximado para reforma do motor	45 dias
Capacidade de produção do Moinho	65 ton/h
Teor de ouro no minério	3 gramas/ton
Regime de produção	24 h/dia
Índice normal de indisponibilidade	4%
Valor da grama de ouro em 14/05/2013	US$ 44,70

	Diagnóstico de Falha Motor do Moinho de Bolas

CÁLCULOS	
Produção(minério) durante reforma do motor 45 dias x 65 ton/h x 24 h/dia	70.200 ton
Produção de ouro em 45 dias Teor 3 g / tonelada de minério=70.200 ton * 3g/ton	210.600 g
Dedução da indisponibilidade medida no período Produção de ouro x disponibilidade = 210.600 x 96%	202.176 g
Custo total da perda de produção no período 202.176 g x US$ 44,70	US$ 9.037.267,00

Observa-se que o custo do reparo US$ 153.631,00 é **58 vezes menor do que o custo da perda de produção !**

Caso o motor não pudesse ser recuperado (o que é de certa forma incomum) o prazo de entrega de um motor novo seria de, aproximadamente, 90 a 180 dias. Nesse caso, o valor devido à perda de produção ficaria entre US$ 18.074.534,00 e US$ 36.149.068,00.

4.2– Manutenção Preditiva + Manutenção Corretiva Planejada

Desde que nessa planta há um acompanhamento preditivo, foi possível estabelecer, com o PCM e a Operação, uma data na qual foi feita a substituição do rolamento que apresentava problemas.

Como, aproveitando a parada do Moinho, foram feitos serviços em outros equipamentos da planta, a duração total da parada foi de 9 dias. O prazo para troca do rolamento do motor é normalmente muito menor, no entanto, para fins de comparação de custos, vamos adotar nos cálculos o período de parada de 9 dias.

Item	R$
Custo da troca dos rolamentos (material e mão de obra)	70.000,00 US$ 32.588,00

Produção(minério) durante a parada da unidade 9 dias x 65 ton/h x 24 h/dia	14.040 ton
Produção de ouro em 9 dias Teor 3 g / tonelada de minério=14.040 ton * 3g/ton	42.120 g
Custo total da perda de produção no período 42.120 g x US$44,70	US$ 1.882.764,00

Diagnóstico de Falha
Motor do Moinho de Bolas

4.3 – Comparação de Custos e Conclusão

Modo de atuação	Consequência	Custo total *US$	relação
Manutenção Corretiva não planejada	Substituição do motor (90 dias)	18.033.404,00	9
Manutenção Corretiva não planejada	Reparo do motor (45 dias)	9.190.898,00	5
Manutenção Preditiva + Manutenção Corretiva Planejada	Troca dos rolamentos (9dias)	1.915.352,00	1

A tabela acima mostra que, enquanto se gasta 1 tendo como modo de atuação a Manutenção Preditiva e a Correção Planejada, o custo pela atuação via Corretiva não planejada ou emergencial é de 5 ou 9 vezes maior.

Anexo 1
Limites de Vibração

A.1.1. Introdução

Este anexo traz orientações e recomendações gerais para limites aceitáveis de vibração nos diversos tipos de máquinas.

Para fins de definição dos limites de vibração, as máquinas podem ser divididas em 4 tipos principais:

- **Máquinas alternativas**, que possuem ambos, movimentos rotativos e alternativos. Exemplos típicos são os compressores alternativos, motores diesel e certos tipos de bombas alternativas. Normalmente a medição de vibração é feita na carcaça a baixas frequências;
- **Máquinas rotativas com rotores rígidos** das quais são exemplos motores elétricos, bombas de baixa rotação e bombas simples estágio. Usualmente a vibração é medida na carcaça (pedestais e caixas de mancais), sendo os níveis de vibração indicativos de desbalanceamento, roçamento, desalinhamento etc.;
- **Máquinas rotativas com rotor flexível**, das quais são exemplos grandes turbinas, compressores centrífugos, geradores e bombas multe estágio. À medida que aceleram, após a partida, passam por uma ou mais velocidades críticas, até atingir a rotação de regime. Nesse tipo de máquina recomenda-se que a vibra-

ção seja feita diretamente no eixo pois os valores tomados na carcaça podem não identificar problemas que a máquina possua e/ou pela relação de massa da carcaça atenuar a vibração.
- **Máquinas rotativas com rotores quase rígidos,** tais como compressores axiais, turbinas à vapor de baixa pressão e ventiladores.

A.1.2. Gráficos de Severidade de Vibração IRD E ISO

Considera-se que o primeiro gráfico geral de severidade de vibração em máquinas foi proposto por T. C. Rathbone em 1939, que era o engenheiro chefe da divisão de Turbinas e Máquinas para a *Fidelity and Casuality Company* (empresa seguradora) de Nova Yorque. O seu gráfico compara a vibração total (*overall vibration*) medida em velocidade, a variados graus de "suavidade" da máquina. Ver Figura A1.1

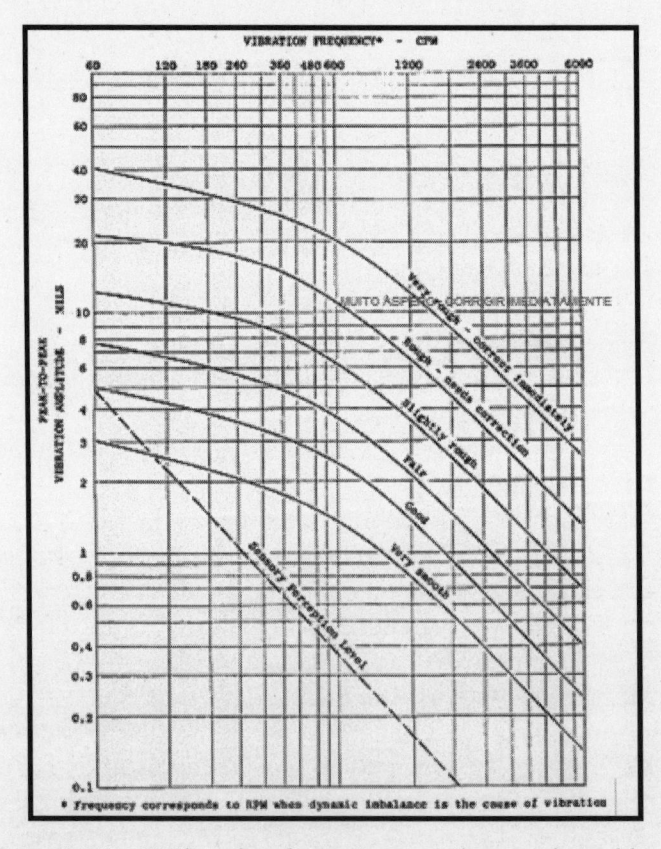

Figura A1.1 – Gráfico de tolerância para vibração de Rathbone

Em 1949 H.G Yates desenvolveu um gráfico, baseado no gráfico de Rathbone, gráfico que em 1964 foi retrabalhado e relançado pela *IRD Mechanalysis*. Conhecido como Gráfico Geral de Severidade de Vibração para Máquinas, esse gráfico contempla valores filtrados tomados na carcaça (caixa de mancal). Ver Figura A1.2. A tradução para o português, das faixas de classificação, está indicada a seguir:

Extremely smooth	Extremamente suave
Very smoth	Muito suave
Smooth	Suave
Very Good	Muito bom
Good	Bom
Sightly rough	Levemente áspero
Rough	Áspero
Very Rough	Muito áspero

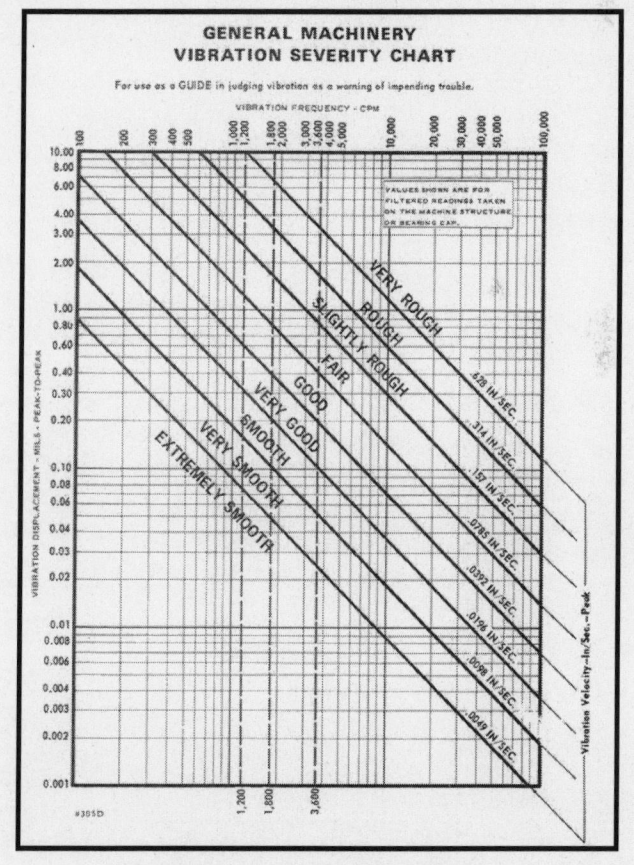

Figura A1.2 – Gráfico IRD

Em 1960 o *VDI Vibration Group* desenvolveu um critério, aprimorado em 1964, que definia a intensidade de vibração pelo valor rms *(root mean square)* da velocidade de vibração.

O gráfico era válido para frequências acima de 5 Hz, medida na caixa de mancal ou em ponto fixo na carcaça.

O critério definia quatro classes de aceitação:

> A – BOM;   B – PERMITIDO;
> C – APENAS TOLERÁVEL; D – NÃO PERMITIDO.

Os quatro grupos de máquinas para a qual os limites de intensidade de vibração foram classificados, são as seguintes:

Classe I (Grupo K) – partes individuais de motores e máquinas, integralmente ligadas à máquina na sua condição normal de funcionamento;

Classe II (Grupo M) – máquinas de médio porte (geralmente motores elétricos motores com potência entre 15 Kw a 75 Kw) sem fundações especiais, motores ou máquinas (até 300 Kw), rigidamente montadas em fundações especiais;

Classe III (Grupo G) – Grandes acionadores e outras máquinas com grandes massas rotativas, montadas em fundações rígidas e pesadas, que são relativamente "duras" na direção de medição da vibração;

Classe IV (Grupo T) – Grandes acionadores e outras máquinas com grandes massas rotativas, montadas em fundações rígidas e pesadas, que são relativamente "suaves" na direção de medição da vibração (por exemplo, conjuntos de turbogerador e turbinas à gás com potência superiores a 10 MW).

Por sua aceitação junto a usuários e fabricantes o VDI 2056 serviu de base para a norma ISO 2372 – 1974 que se transformou na ISO 10816.

SEVERIDADE DE VIBRAÇÃO CONFORME ISO 10816-1						
	Máquina		CLASSE I	CLASSE II	CLASSE III	CLASE IV
	in/s	mm/s	Máquinas pequenas	Máquinas médias	Grandes fundação rígida	Grandes fundação "suave"
Velocidade de vibração Vrms	0,01	0,28				
	0,02	0,45				
	0,03	0,71	BOM			
	0,04	1,12				
	0,07	1,80				
	0,11	2,80	SATISFATÓRIO			
	0,18	4,50				
	0,28	7,10	INSATISFATÓRIO			
	0,44	11,20				
	0,70	18,00				
	1,10	28,00	INACEITÁVEL			
	1,77	45,90				

Atualmente a norma ISO em vigor é a ISO-10816 – *Mechanical vibration — Evaluation of machine vibration by measurements on non-rotating parts*—, que contém as seguintes partes:

ISO 10816-1:1995/Amd 1:2009
Mechanical vibration – Evaluation of machine vibration by measurements on non-
-rotating parts – Part 1: General guidelines.

92ISO 10816-2:2009
Mechanical vibration – Evaluation of machine vibration by measurements on non-rotating parts – Part 2: Land-based steam turbines and generators in excess of 50 MW with normal operating speeds of 1 500 r/min, 1 800 r/min, 3 000 r/min and 3 600 r/min.

96ISO 10816-3:2009
Mechanical vibration – Evaluation of machine vibration by measurements on non-rotating parts – Part 3: Industrial machines with nominal power above 15 Kw and nominal speeds between 120 r/min and 15 000 r/min when measured in situ.

98ISO 10816-4:2009
Mechanical vibration – Evaluation of machine vibration by measurements on non-rotating parts – Part 4: Gas turbine sets with fluid-film bearings.

100ISO 10816-5:2000
Mechanical vibration – Evaluation of machine vibration by measurements on non-rotating parts – Part 5: Machine sets in hydraulic power generating and pumping plants

101ISO 10816-6:1995
Mechanical vibration – Evaluation of machine vibration by measurements on non-rotating parts – Part 6: Reciprocating machines with power ratings above 100 Kw.

102ISO 10816-7:2009
Mechanical vibration – Evaluation of machine vibration by measurements on non-rotating parts – Part 7: Rotodynamic pumps for industrial applications, including measurements on rotating shafts.

103ISO/DIS 10816-8
Mechanical vibration – Evaluation of machine vibration by measurements on non-rotating parts – Part 8: Reciprocating compressor systems.

104ISO/CD 10816-21
Mechanical vibration – Evaluation of machine vibration by measurements on non-rotating parts – Part 21: Onshore wind turbines with gearbox.

DIN ISO 10816-3	Group 1		Group 2	
Machine type	Large machines 300 kW < P < 50 MW		Medium sized machines 15 kW < P < 300 kW	
	Motor H > 315 mm		Motor 160 mm < H < 315 mm	
Foundation	flexible	rigid	flexible	rigid

Velocity v_{eff} mm/s rms
10–1000 Hz, r > 600 rpm: 11,0 / 7,1 / 4,5
2–1000 Hz, 120 < r < 600 rpm: 3,5 / 2,8 / 2,3 / 1,4

A: Newly commissioned machines
B: Unrestricted long term operation
C: Restricted long term operation
D: Vibration causing damage

Figura A1.3 – ISO 10816-3

DIN ISO 10816-7	Category 1			Category 2			
Pump type	Rotodynamic pumps with high reliability, availability or security requirements.			Rotodynamic pumps for general or less critical applications.			r < 600 rpm 0.5 rpm 1.0 rpm 2.0 rpm
Power	< 200 kW	> 200 kW		< 200 kW	> 200 kW		

Velocity v_{eff}
10–1000 Hz, r > 600 rpm: 7,6 / 6,5 / 5,0
2–1000 Hz, r < 600 rpm: 4,0 / 3,5 / 2,5 mm/s rms
Category 2: 9,5 / 8,5 / 6,1 / 5,1 / 4,2 / 3,2 mm/s rms
Displacement S_{p-p}: 130 / 80 / 50 μm

A: Newly commissioned machines
B: Unrestricted long term operation
C: Restricted long term operation
D: Vibration causing damage

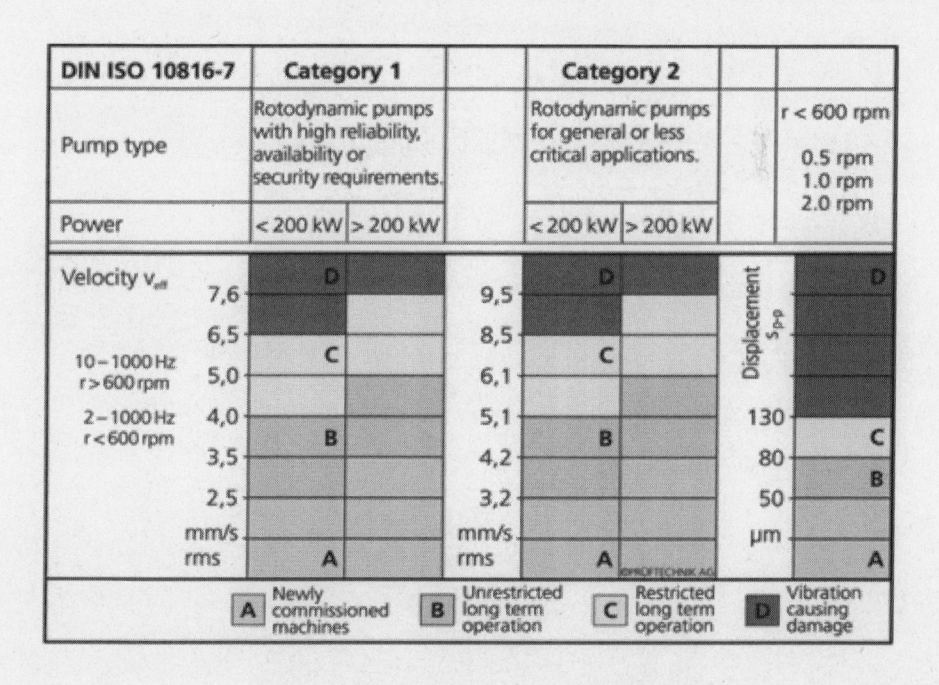

Figura A1.4 – ISO 10816-7- Bombas

Vibration Evaluation Standard – Reciprocating machine

ISO 10816 – 6: 1995

Vibration Severity Grade	Overall vibration measurement measured on the machine structure			Machine Class*						
	Displacement in μm – micron (rms)	Velocity in mm/sec (rms)	Acceleration meter / sec² (rms)	1	2	3	4	5	6	7
1,1	≤ 17,8	≤ 1,12	≤ 1,76	A / B	A / B	A / B	A / B	A / B	A / B	A / B
1,8	≤ 28,3	≤ 1,78	≤ 2,79	A / B	A / B	A / B	A / B	A / B	A / B	A / B
2,8	≤ 44,8	≤ 2,82	≤ 4,42	A / B	A / B	A / B	A / B	A / B	A / B	A / B
4,5	≤ 71,0	≤ 4,46	≤ 7,01	A / B	A / B	A / B	A / B	A / B	A / B	A / B
7,1	≤ 113	≤ 7,07	≤ 11,1	C	A / B	A / B	A / B	A / B	A / B	A / B
11	≤ 178	≤ 11,2	≤ 17,6	D	C	A / B	A / B	A / B	A / B	A / B
18	≤ 283	≤ 17,8	≤ 27,9	D	D	C	A / B	A / B	A / B	A / B
28	≤ 448	≤ 28,2	≤ 44,2	D	D	D	C	A / B	A / B	A / B
45	≤ 710	≤ 44,6	≤ 70,1	D	D	D	D	C	A / B	A / B
71	≤ 1125	≤ 70,7	≤ 111	D	D	D	D	D	C	A / B
112	≤ 1784	≤ 112	≤ 176	D	D	D	D	D	D	C
180	> 1784	> 112	> 176	D	D	D	D	D	D	D

Zone A: Vibration of newly commissioned machines;
Zone B: Machines considered acceptable for unrestricted long-term operation
Zone C: Machines considered unsatisfactory for long-term continuous operation
Zone D: Vibration values normally considered to be sufficient severity to cause damage to the machine
* depends on size, construction, assembly and speed. Refer ISO 10816-6 for details

Machinery Evaluation as per ISO 10816 Guide line:

Figura A1.5 – ISO 10816 – 6 – Máquinas Alternativas

A.1.3. Limites de Vibração do API

O API – *American Petroleum Institute,* desenvolveu padrões de aceitação de vibração para as máquinas utilizadas em refinarias e petroquímicas.

A tabela A1.1 mostra, para os diversos padrões API, a fórmula de cálculo do deslocamento.

n° Padrão API	Deslocamento relativo do eixo (mils pico a pico)	velocidade (vibração) absoluta do mancal (in/s)
API 610	$\sqrt{\dfrac{8000}{n_{max}}}$	0.12 r.m.s.
API 611 API 612 API 616 API 617 API 672	(including runout) $1.25\sqrt{\dfrac{12000}{n_{max}}}$	-
API 613	$\sqrt{\dfrac{12000}{n_{max}}} \; 0.5$	0.15 pk (10 Hz-2.5 kHz), 4g pk (2.5-10 kHz)
API 619	$\sqrt{\dfrac{16000}{n_{max}}}$	-
API 673	-	≤ 0.1 peak

Figura A1.6 – Limites de vibração API.

As recomendações API são adotadas por compradores e fornecedores de equipamentos rotativos.

De um modo geral o API especifica que o deslocamento de vibração máximo (amplitude) permitido para um eixo, medido em mils (milésimos de polegadas = 0,001in ou 0,0254mm), pico a pico, não deve ser maior que 2 mils ou $(12.000/n_{max})^{1/2}$ - onde n é a rotação da máquina- aquele que for menor.

A.1.4 Gráfico AZIMA DLI

O gráfico da Figura A1.7, da Azima DLI, pode ser aplicado a um ampla faixa de máquinas rotativas com razoável confiança.

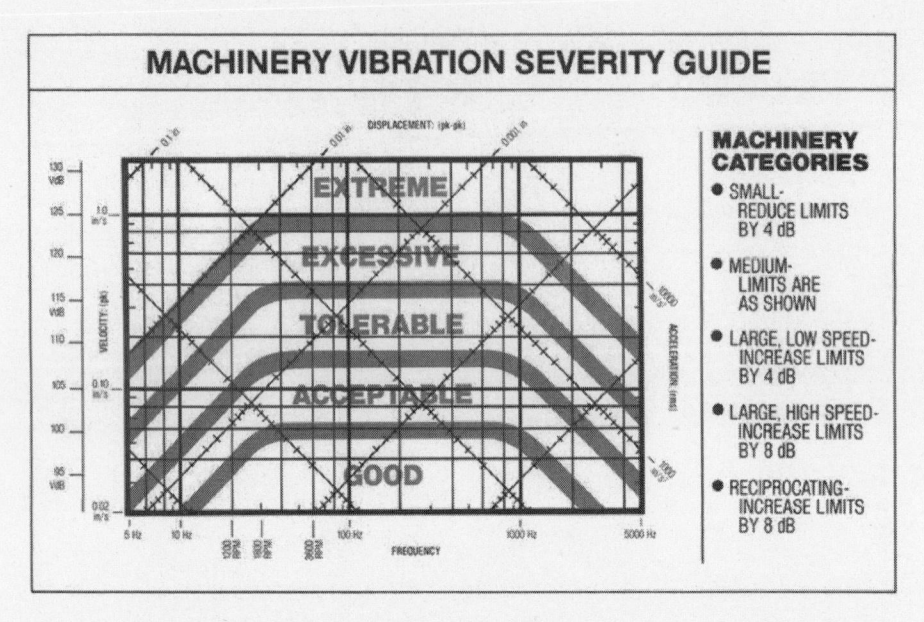

Figura A1.7 – Guia de severidade de vibração (Azima DLI)

Nível de vibração	Abaixo de 30 Hz	30 a 1000 Hz	Acima de 1000 Hz
Extremo	10 mils p-p	125 VdB rms	0,282 G rms
Excessivo	4.2 mils p-p	117 VdB rms	0,020 G rms
Tolerável	1,5 mils p-p	108 VdB rms	0,007 G rms
Aceitável	0,6 mils p-p	100 VdB rms	0,003 G rms

As relações entre as unidades do gráfico estão indicadas na tabela abaixo.

A.1.5 Gráfico Clark Dresser para Vibração Medida no Eixo

O gráfico de severidade de vibração no eixo, da Dresser Clark, foi apresentado em 1970 e utilizado largamente como padrão para amplitude (deslocamento) no eixo. A Figura A1.8 mostra o gráfico com a familiar redução na amplitude (deslocamento) de vibração com a frequência para uma dada condição.

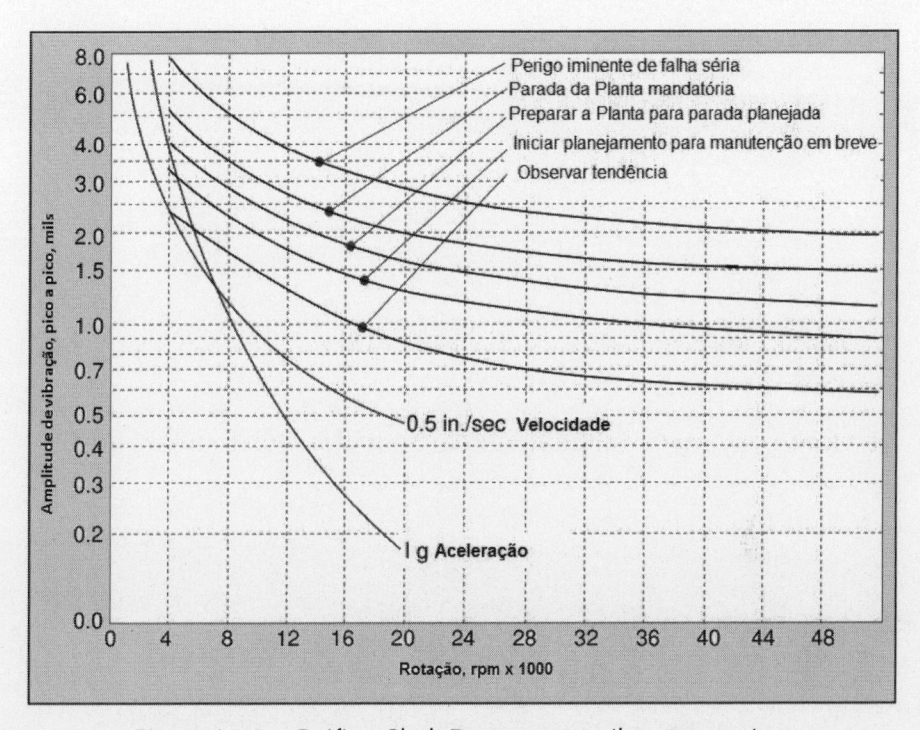

Figura A1.8 – Gráfico Clark Dresser para vibração no eixo

Anexo 2
Limites de Vibração

Guia de Diagnóstico de Vibração — AZIMA|DLI

Seleção dos Locais de Teste
1. Canal de Transmissão
2. Resposta de Frequência
3. Repetibilidade

localização do acelerômetro

Cabo — Parafuso de fixação — Chaveta de alinhamento — Identificação do canal — Parafuso de fixação
CANAL 1 — CANAL 2 — CANAL 3
Base de fixação do sensor

Seleção de Orientações

1-2-3	1-2-3
RAT	VAH
ART	AVH
TRA	HVA

- O Sensor #1 está alinhado com o parafuso de fixação do sensor
- O Sensor #2 está alinhado com o pino de alinhamento
- O Sensor #3 está no plano restante

Radial — Axial — Tangencial
Canal 1 — Canal 2 — Canal 3
ART

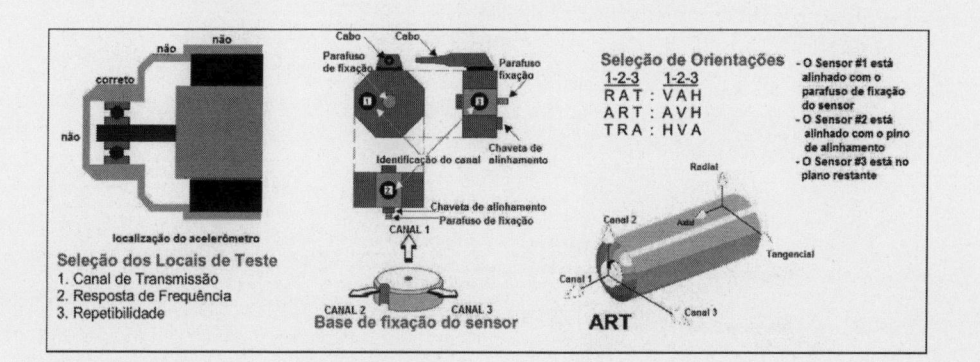

Guia de Diagnóstico de Vibração

Orientação dos eixos Horizontal e Vertical

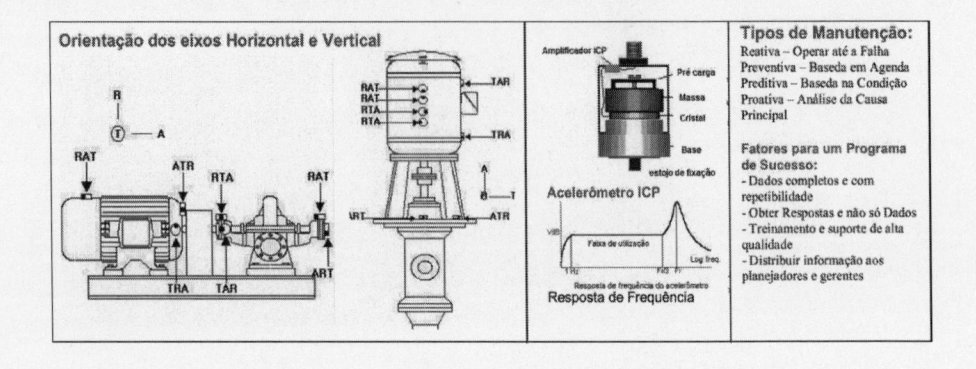

Acelerômetro ICP

Resposta de Frequência

Tipos de Manutenção:
Reativa – Operar até a Falha
Preventiva – Baseada em Agenda
Preditiva – Baseada na Condição
Proativa – Análise da Causa Principal

Fatores para um Programa de Sucesso:
- Dados completos e com repetibilidade
- Obter Respostas e não só Dados
- Treinamento e suporte de alta qualidade
- Distribuir informação aos planejadores e gerentes

Guia de Diagnóstico de Vibração

Numeração da Posição do Sensor
Inicie numerando pelo lado livre do acionador. Numere os mancais de acordo com o fluxo de energia.

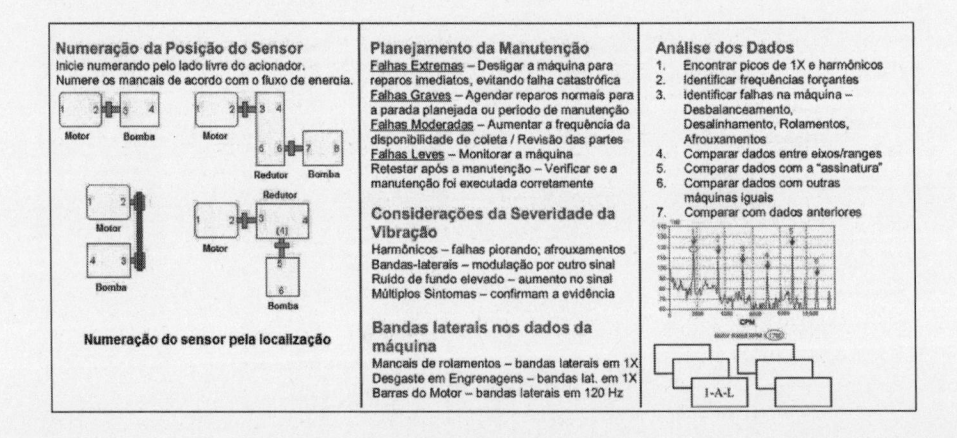

Numeração do sensor pela localização

Planejamento da Manutenção
Falhas Extremas – Desligar a máquina para reparos imediatos, evitando falha catastrófica
Falhas Graves – Agendar reparos normais para a parada planejada ou período de manutenção
Falhas Moderadas – Aumentar a frequência da disponibilidade de coleta / Revisão das partes
Falhas Leves – Monitorar a máquina
Retestar após a manutenção – Verificar se a manutenção foi executada corretamente

Considerações da Severidade da Vibração
Harmônicos – falhas piorando; afrouxamentos
Bandas-laterais – modulação por outro sinal
Ruído de fundo elevado – aumento no sinal
Múltiplos Sintomas – confirmam a evidência

Bandas laterais nos dados da máquina
Mancais de rolamentos – bandas laterais em 1X
Desgaste em Engrenagens – bandas lat. em 1X
Barras do Motor – bandas laterais em 120 Hz

Análise dos Dados
1. Encontrar picos de 1X e harmônicos
2. Identificar frequências forçantes
3. Identificar falhas na máquina – Desbalanceamento, Desalinhamento, Rolamentos, Afrouxamentos
4. Comparar dados entre eixos/ranges
5. Comparar dados com a "assinatura"
6. Comparar dados com outras máquinas iguais
7. Comparar com dados anteriores

Guia de Diagnóstico de Vibração — AZIMA DLI

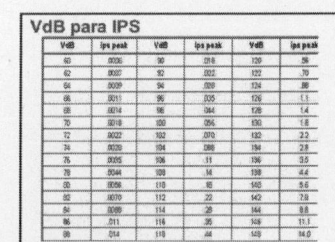

VdB para IPS

Log para Linear

dB Change	Linear Level Ratio
0	1
3	1.4
6	2
10	3.1
12	4
16	6
20	10

Analise os dados com todas as ferramentas disponíveis. Familiarize-se com as escalas de amplitude linear e log para aperfeiçoar a análise. Use tanto a análise de frequência CPM ou Ordem Normalizada

Níveis de amplitude –
(Os gráficos mostram os mesmos dados)

Lin

Log

VdB

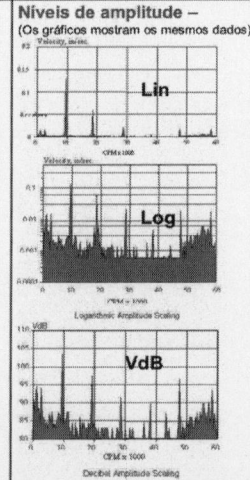

Análise da Frequência – CPM vs. Ordens
(Os gráficos mostram os mesmos dados)

0-30,000 RPM

1X   PV   6.7X?

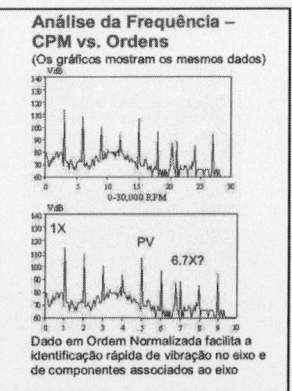

Dado em Ordem Normalizada facilita a identificação rápida de vibração no eixo e de componentes associados ao eixo

Dados em Log permitem visualizar pequenos picos e grandes picos no mesmo gráfico sem mudança na escala dos dados. A escala VdB elimina os decimais.

Guia de Diagnóstico de Vibração — AZIMA DLI

Programa de Sintonia-Fina

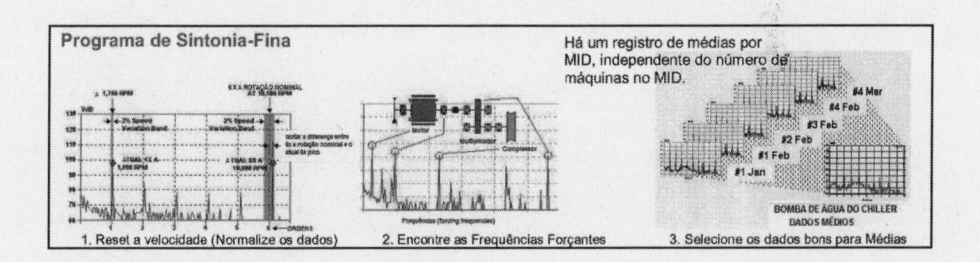

1. Reset a velocidade (Normalize os dados)
2. Encontre as Frequências Forçantes
3. Selecione os dados bons para Médias

Há um registro de médias por MID, independente do número de máquinas no MID.

BOMBA DE ÁGUA DO CHILLER
DADOS MÉDIOS

Guia de Diagnóstico de Vibração

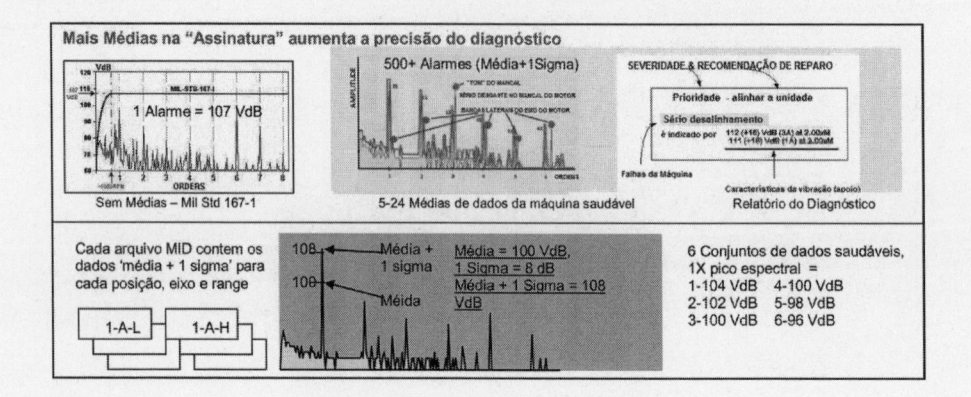

Mais Médias na "Assinatura" aumenta a precisão do diagnóstico

| Sem Médias – Mil Std 167-1 | 5-24 Médias de dados da máquina saudável | Relatório do Diagnóstico |

1 Alarme = 107 VdB

500+ Alarmes (Média+1Sigma)

SEVERIDADE & RECOMENDAÇÃO DE REPARO
Prioridade - alinhar a unidade
Sério desalinhamento

Cada arquivo MID contem os dados 'média + 1 sigma' para cada posição, eixo e range

1-A-L   1-A-H

Média + 1 sigma
Méida

Média = 100 VdB, 1 Sigma = 8 dB
Média + 1 Sigma = 108 VdB

6 Conjuntos de dados saudáveis,
1X pico espectral =
1-104 VdB   4-100 VdB
2-102 VdB   5-98 VdB
3-100 VdB   6-96 VdB

Referências:

1. Manutenção Função Estratégica – Alan Kardec & Júlio Nascif – 4ª edição. – Editora Qualitymark – Rio de Janeiro.
2. Manutenção Orientada para Resultados – Júlio Nascif & Luiz Carlos Dorigo – 1ª edição – Editora Qualitymark – Rio de Janeiro.
3. Capítulo 9 Medição de Temperatura ftp://ftp.demec.ufpr.br/disciplinas/TM117/Cap-9-Temperatura.ppt
4. http://www.chasqueweb.ufrgs.br/~valner.brusamarello/inst/aula_07.pdf
5. Analytical Tools to Detect and Quantify Large Wear Particles in Used Lubricating Oil – Spectro Inc.
6. Wear Particle Analysis – A Predictive Maintenance Tool, by Rob Lovicz & Ray Dalley, PREDICT – Reliability web.com
7. Water In Oil Contamination – noria corp. – Machinery Lubrication.
8. Tecnomics – Rail Locomotive Program - http://www.newsdesk.techenomics.net/2013/03/techenomics-rail-locomotive-programme/
9. IBP – Óleo isolante.
10. Electrical Engineering - http://www.electrical4u.com/
11. Diagnose de Equipamentos Elétricos para Manutenção Preditiva – Leonardo Pitanga Nogueira, UFES, 2006.
12. Curso de Análise de Falhas – XI Semana da Engenharia Mecânica – UNESP – Ilha Solteira – 26 a 31/08/2002

13. Condition Monitoring – Process Plant Tube Inspection an Ongoing Commitment by Plant Owners and Operators – Charles Tollios Panos – International Tube Testing Pty Ltd Qld Australia
14. The Importance of Shaft Alignment – John Piotrowski.
15. Preventing Drive Belt Alignment Problems – Dan Parsons – Gates – Plant Engineering - July, 1993.
16. Site Schenk do Brasil – http://www.schenck-rotec.com.br/why-balancing/index.php
17. http://www.valaco.com.br/inf_tecnicas/fl_12furos.html
18. ftp://ftp.demec.ufpr.br/disciplinas/TM141/aula07_USP.pdf
19. Plant Failures from an Insurance Perspective – Ian Barnard, Author, Engineering Asset Management an Insurance Perspective – Reliability web.com
20. NTZ Filters – http://www.ntz-filters.co.uk/hydraulic-oil-contamination/
21. The systematic approach to contamination control – Eaton Vickers
22. Informações sobre acelerômetros MasTec Ltd – www.mastec.com.nz
23. A Ferrografia como técnica de manutenção preditiva - Estudo de casos = Eng. Tarcísio D'Aquino Baroni - Eng. Guilherme Faria Gomes – www.huno.com.br/tribolab
24. Gestão Estratégica e Manutenção Preditiva – Alan Kardec, Julio Nascif, Tarcisio Baroni – Coleção Abraman, Editora Qualitymark – Rio de Janeiro.
25. From Vibration Measurements to Condition Based Maintenance Seventy Years of Continuous Progress, John S. Mitchell, San Juan Capistrano, California.

QUALITYMARK

Entre em sintonia com o conhecimento.

Qualitymark Editora Ltda.

📞 (21) 98198-9089
🟢 (21) 98198-9843
✉ sac@qualitymark.com.br

DADOS TÉCNICOS

Formato:	15,5 x 23 cm
Mancha:	12 x 19 cm
Fonte:	Optima
Corpo:	11
Entrelinhas	13
Total de Páginas:	196
1ª Edição	2013